तिरंगे को कभी झुकने न दोगे

तिरंगे को कभी झुकने न दोगे

(देशभक्ति के पावन गीत)

शंकर द्विवेदी

संपादक

राहुल द्विवेदी

नमस्कार
बुक्स

प्रकाशक : **नमस्कार बुक्स**

भवन संख्या 2/42 (दूसरी मंजिल), अंसारी रोड, दरियागंज, नई दिल्ली–110002

सर्वाधिकार : सुरक्षित / संस्करण : प्रथम, 2023 / पेपरबैक मूल्य : तीन सौ रुपए

मुद्रक : आर-टेक ऑफसेट प्रिंटर्स, दिल्ली   ISBN 978-93-94871-02-1

TIRANGE KO KABHI JHUKANE NA DOGE

by Shri Shankar Dwivedi   ₹ 300.00 (PB)

Published by **NAMASKAR BOOKS**

Building No. 2/42 (Second Floor), Ansari Road, Daryaganj, New Delhi-2

स्व. श्रीमती कृष्णा द्विवेदी
एवं
आर्यावर्त की उन समस्त
वीर-प्रसूताओं
के
श्रीचरणों में
सादर निवेदित
जिन्होंने राष्ट्र की बलिवेदी
पर
अपने प्राणाधार
सपूतों को
विहँस न्योछावर कर दिया।

मंगलाचरण

श्रीगणेश वंदना—

> वर्णानामर्थसंघानां रसानां छंदसामपि।
> मंगलानां च कर्तारौ वन्दे वाणी विनायकौ॥

वाक्–संपदा ईश–स्पृहा के परम अनुग्रह का फलित स्वरूप है। शारदेय वाणी के पुष्पित मकरंद की सुरुचिपूर्ण सुवास से परिपूर्ण, राष्ट्र–वंदना के उद्घोष का यह काव्य वाणी–विनायक प्रथम पूज्य देव श्रीगणेश के श्रीचरणों में सादर–निवेदित है।

हे वाणी विनायक! इस काव्य–निवेदन के प्रत्येक वर्ण, वर्ण से निर्मित शब्द, शब्द से निर्मित भाव, भाव में निहित रस, रस को प्रभासित करते छंदों को अपनी विशिष्ट अनुकंपा का मंगल प्रदान करें।

वागीश्वरी वंदना—

हे वाग्देवि! इस काव्य–ग्रंथ के शब्द–शब्द में, प्रत्येक भाव में, काव्यगत शास्त्रोक्त परंपरा का जो सरित प्रवाहित हो रहा है, वह आपकी अभ्यर्थना का पुण्य–नैवेद्य है। पवित्र करनेवाली सरस्वती, जो बुद्धिरूपी कोषवाली है, हमारे यज्ञ को प्रकाशित करनेवाली हो—

> पावका नः सरस्वती वाजेभिर्वाजिनीवती।
> यज्ञं वष्टु धियावसुः॥
>
> —ऋग्वेद 1.3.10

हे शारदे! वाणी–पुत्रों पर तेरी इस विशिष्ट स्नेह वर्षा का आशीष सदैव वर्षित होता रहे—

> आभार! 'शंकर' को सदा भव–भावना का भार दे॥

प्रभु श्रीराम वंदना—

आराध्य प्रभु श्रीराम के चरणों में सादर-वंदन। जिनका समग्र व्यक्तित्व ही काव्य-रूप हो वही राम हैं। वे मंगल-शक्ति के अधिष्ठाता हैं, उनका रूप-माधुर्य और शील, काव्य-सृजन की आधारशिला हैं। राष्ट्रकवि मैथिलीशरण गुप्त ने 'साकेत' के पंचम सर्ग में उनके व्यक्तित्व में काव्य-रूप की समता का वर्णन करते हुए लिखा है—

राम तुम्हारा वृत्त स्वयं ही काव्य है।
कोई कवि बन जाए, सहज संभाव्य है॥

रूप-शील-व्यक्तित्व सभी से काव्य को प्रकट कर देनेवाले परम कृपालु प्रभु श्रीराम से पूज्य पिताश्री के काव्य-ग्रंथों के साफल्य हेतु मैं उनके श्रीचरणों में प्रणाम निवेदित करता हूँ—

लोकाभिरामं रणरंगधीरं राजीवनेत्रं रघुवंशनाथम्।
कारुण्यरूपं करुणाकरं तं श्रीरामचंद्रं शरणं प्रपद्ये॥
आपदामपहर्तारं   दातारं   सर्वसंपदाम्।
लोकाभिरामं श्रीरामं भूयो भूयो नमाम्यहम्॥

प्रभु श्री वृंदावन बिहारी लाल वंदना—

ब्रजकुल शिरोमणि एवं जन-जन के आराध्य श्री वृंदावन बिहारीलाल की असीम अनुकंपा के फलीभूत राष्ट्र-चेतना का यह जन-बोध पांडुलिपियों से बाहर निकलकर प्रकाशन के पृष्ठों तक आ ही पहुँचा।

प्रणम्य शिरसा विष्णुं त्रैलोक्याधिपतिं प्रभुम्॥

प्रभासित-रश्मियों की प्रकीर्णिका के साथ उनका समस्त काव्य आर्यावर्त के सर्वसाधारण से लेकर विशिष्ट तक, सभी को राष्ट्रीयता के बोध से ओत-प्रोत करे, ऊर्जस्वित करे। इसी अभिलाषा के साथ कि जहाँ स्वयं योगेश्वर कृष्ण हों, विजयी भाव की मंगलकामना वहाँ सदैव उपस्थित होगी। ठाकुरजी महाराज के श्रीचरणों में यह सादर नमन—

यत्र योगेश्वर: कृष्णो यत्र पार्थो धनुर्धर:।
तत्र श्रीर्विजयो भूतिर्ध्रुवा नीतिर्मतिर्मम॥

—वेदव्यास/महाभारत/भीष्मपर्व

शिव-शक्ति वंदना—

जगत् में शिव-शक्ति की व्यापकता ही संहार और निर्माण की नियामक है। चराचर में जो कुछ व्याप्त है, शिव रूप ही तो है। शिव और शक्ति जगत पिता-माता हैं—

जगत मातु-पितु संभु-भवानी।

शुभ व कल्याण की अभिलाषा के निमित्त सफलता का प्रवेश–द्वार माता–पिता के आशीष में निहित है—

देवं देवानां पावनं पावनानां कृतिं कृतीनां महतो महान्तम्।
शतात्मानं संस्तुतं गोपतीनांपतिं देवं शरणं यामि रुद्रम्॥

—हरिवंश पुराण (विष्णुपर्व 72/49)

कविवर 'शंकर द्विवेदी' के समूचे व्यक्तित्व और कृतित्व के अनुभव–बोध से इस बात का भी साक्षात्कार होता है कि महादेव ने अपने समाभिधानी को शिव रूप की अनन्यतम विशिष्टिताओं के साथ ही इस धरा पर देहावतरित किया था—

जग-सिंधु के किनारे, सब देवता विकल हैं।
'शंकर' हूँ, पी रहा हूँ, मेरे पात्र में गरल है॥

उनकी यह काव्य–कृति अपने मनोरथ, प्रयोजन व लोकप्रियता की सर्वसिद्धि को प्राप्त करे, अतः हे आदि–शक्ति माता गौरा! हे जगत्–पिता महाकालेश्वर शिव! अपने आशीष का वर्षण करें—

ॐ साम्ब शिवाय नमः। ॐ गौर्ये नमः॥

हनुमत् वंदना—

पवन–वेग से जो समस्त कार्यों की सफलताओं के द्योतक हैं, अतुलनीय बल तथा ज्ञानियों में अग्रगण्य हैं, अष्ट–सिद्धि तथा नव–निधि के परमदाता हैं। वे पवन–वेगी हनुमान इस काव्य–कृति के साफल्य की कामना से भरी मेरी यह अभ्यर्थना स्वीकार करें—

अतुलित बलधामं, हेमशैलाभदेहं,
दनजुवनकृशानुं ज्ञानिनामग्रगण्यं।
सकलगुणनिधानं, वानराणामधीशं,
रघुपतिप्रियभक्तं वातजातं नमामि॥

मेरा परम विश्वास है कि यदि हनुमान प्रसन्न होंगे तो श्रीहरि भी अवश्य प्रसन्न होंगे—

हनुमन मतवे हरिम मतवो। हरिम मतवे हनुमन मतवो।
हनुमनु ओलिदरे हरि ताजो लिवनु॥

—पुरंदरदास, कन्नड़

पितृदेव वंदना—

अंत में अपने कुल-देवता तथा कुल के सभी पूर्वजों के श्रीचरणों में प्रणाम-निवेदन, जिनका आशीष मनोरथ सिद्धि के अभ्युदय हेतु सदैव अपेक्षित व संबल प्रदान करनेवाला है—

अर्चितानाम् मूर्तानाम् पितृणाम् दीप्ततेजसाम्।
नमस्यामि सदा तेषाम् ध्यानिनाम् दिव्यचक्षुषाम्।।
शुभम् कल्याणं चास्ताम।।

—आशीष द्विवेदी

(आत्मज—स्व. शंकर द्विवेदी)

अनुक्रम

स्व. शंकर द्विवेदी

देहावतरण—21 जुलाई, 1941 ● महाप्रयाण—27 जुलाई, 1981

द्विवेदी अविनाशी सहाय इंटर कॉलेज, एटा (उ.प्र.) में हिंदी प्रवक्ता के पद पर कार्यरत रहे व अखिल भारतीय काव्य-मंचीय परंपरा की सम्मानित कवि-शृंखला में उनका नाम भी बड़े सम्मान व आदर से लिया जाता है।

शंकर द्विवेदी के कवित्व में जीवन का स्पंदन और द्वंद्व, समभाव से उपस्थित देखा जा सकता है। उनके कवित्व में गहन सौंदर्य-बोध विद्यमान था। इसकी अभिव्यक्ति उनके दैनंदिन जीवन और कवित्व में समान रूप से परिलक्षित होती देखी जा सकती है। उनका नारी-सौंदर्य-बोध, दिव्य-चेतना से संवरित है।

श्री शंकर द्विवेदी ने अपने अध्यापकीय जीवन का श्रीगणेश आगरा कॉलेज, आगरा से किया, जहाँ आप हिंदी विभाग में लगभग एक वर्ष तक सेवारत हुए। सन् 1966 में कुछ माह राजा बलवंत सिंह महाविद्यालय, आगरा में अस्थायी रूप से कार्यरत रहते हुए उन्हें श्री के.एल. जैन इंटर कॉलेज, सासनी, जनपद-हाथरस (तत्कालीन जनपद-अलीगढ़, उ.प्र.) में हिंदी प्रवक्ता के पद पर स्थायी नियुक्ति प्राप्त हुई और वे वहाँ से त्याग-पत्र देकर सासनी चले आए, जहाँ सन् 1971 तक सेवा-कार्य किया।

जीविकोपार्जन की इसी उठापटक के मध्य 11 दिसंबर, 1968 में बरेली निवासिनी सुश्री कृष्णा पांडेय के साथ वे परिणय-सूत्र में बँध गए। सुश्री कृष्णाजी उस समय एक कन्या-विद्यालय में प्रधानाध्यापिका पद पर सेवारत थीं। कालांतर में यह कन्या-विद्यालय इंटर कॉलेज में परिवर्तित हो गया और वे यहाँ की प्राचार्या पद पर प्रतिष्ठित हुईं। विवाहोपरांत उन्हें कृष्णा द्विवेदी नाम से परिचय प्राप्त हुआ और 38 वर्षों तक प्राचार्या के पद पर आसीन रहते हुए शिक्षा-जगत् की अतुलनीय सेवा-साधिका के रूप में समर्पित व प्रतिष्ठित रहीं।

सन् 1971 में श्री शंकर द्विवेदी की नियुक्ति पूर्ववर्ती आगरा विश्वविद्यालय से संबद्ध श्री ब्रजबिहारी डिग्री कॉलेज, कोसीकलाँ, मथुरा में हो गई। वे सासनी से त्याग-पत्र देकर कोसी चले आए तथा अपने जीवन के अंतिम समय तक स्थायी रूप से इसी कॉलेज की सेवा से संबद्ध रहे। अग्रिम इसी महाविद्यालय में हिंदी विभागाध्यक्ष के पद पर आसीन हुए।

सेवा-काल की व्यस्तताओं के मध्य भी वे देश के सुदूर भागों में आयोजित कवि-सम्मेलनों में प्रतिभाग करते रहे। उनके जीवन का वह कालखंड जहाँ एक ओर साहित्यिक शिखर पर बुलंदियों को छूने का था और वे अनवरत साहित्य-साधना में निरत थे, वहीं नियति के प्रवाह को कुछ और ही मंजूर था। 27 जुलाई, 1981 को मात्र चालीस वर्ष की अल्प वयस में अपने दो नन्हे शिशुओं—चि. आशीष व चि. राहुल, अपनी युवा अर्धांगिनी, अनेकानेक प्रशंसकों, मित्रों तथा परिवारीजन

को बिलखता-कलपता छोड़ एक दुर्भाग्यपूर्ण सड़क दुर्घटना के व्याज से काल के क्रूर हाथों ने हमेशा के लिए उन्हें सबसे छीन लिया।

द्विवेदीजी से मेरा प्रथम परिचय बड़ा ही सूक्ष्म और आकस्मिक था। मैं श्री ब्रजबिहारी डिग्री कॉलेज के प्राचार्य श्री कृष्ण चंद्र खेमकाजी से मिलने उनके आवास पर गया था। श्री शंकर द्विवेदी अपनी अर्धांगिनी के साथ वहाँ पहले से ही विराजमान थे। प्राचार्य महोदय ने मेरा परिचय उनसे करवाया, जो एक सौम्य मुस्कान के साथ प्रस्तुत करबद्ध प्रणाम से समाप्त हो गया। बाद में कॉलेज-सेवाकाल के दौरान शनैः-शनैः हमारी परस्पर निकटता बढ़ती गई, जो कालांतर में घनिष्ठता में परिवर्तित हो गई। आज सहसा मुझे बाल्यावस्था में पढ़े 'सुभाषितानि' का श्लोक एवं उसकी सार्थकता बरबस स्मरण हो रही है, जो मित्रता के संदर्भ को रेखांकित करता है—

आरंभ गुर्वी क्षयिणी क्रमेण,
लघ्वी पुरा वृद्धिमतिश्च पश्चात्।
दिनस्य पूर्वार्ध परार्ध भिन्ना,
छायेव मैत्री खल-सज्जनानाम॥

—नीतिशतकम्-भर्तृहरि

कॉलेज से अवकाश के पश्चात् श्री द्विवेदी, श्री कैलाशनाथ शांडिल्य (दिवंगत) और मैं, कॉलेज प्रांगण से साथ-साथ निकलते तथा देर रात तक नंदगाँव मार्ग पर घूमते-घामते लौटते। श्री द्विवेदी हमें अपनी कविताओं का मधुर रसास्वादन कराते। कोसी का यह अल्प प्रवास आज भी जीवंत बना हुआ है।

द्विवेदीजी कवि होने के नाते बड़े मस्तमौला, मनमौजी एवं फक्कड़ प्रवृत्ति के व्यक्ति थे। चिंता और भय तो उनके पास तक नहीं फटकता था। इससे पहले मेरा परिचय किसी कवि नाम के जीव से नहीं हुआ था। मुझे कभी-कभी उनकी यह फक्कड़ मिज़ाजी बड़ी विचित्र और अटपटी सी लगती। पर यह सोचकर कि कवि शायद इसी प्रकार के होते होंगे—मैं चुपचाप बना रहता। बाद में 'निराला' जी को पढ़ने पर ज्ञात हुआ कि यही कवियों का स्वाभाविक जीवन होता है।

द्विवेदीजी का रहन-सहन बड़ा ही आभिजात्य, शौकीन एवं सदा मित्र-मंडली से आच्छादित रहने वाला था। वे मुक्त हाथ से खर्च करनेवाले व्यक्ति थे। आज प्रतीत होता है, चूँकि ईश्वर ने उन्हें अल्पायु प्रदान की थी, शायद इसलिए उनकी प्रकृति में उन्मुक्तता और स्वच्छंदता थी।

यहाँ एक घटना मुझे विशेषकर स्मृत हो रही है। बात सन् 1972 के ग्रीष्मकाल

की है। एक दिन अपराह्न में द्विवेदी दंपति अलीगढ़ स्थित मेरे आवास पर पधारे। वहाँ से मुझे साथ लेकर बैंक कॉलोनी, महेंद्रनगर स्थित अपनी साली के आवास पर पहुँचे, जो गवर्नमेंट गर्ल्स इंटर कॉलेज, अलीगढ़ में हिंदी की प्रवक्ता थीं। वहाँ पर रात्रि 9 से 12 वाले शो हेतु 'तसवीर महल छायागृह' में सिनेमा देखने का कार्यक्रम बन गया। मेरी अनिच्छा थी, तब भी मुझे जाना पड़ा। रात को लगभग साढ़े बारह बजे रिक्शे से वापस लौट रहे थे कि सुलतान की सराय के तिराहे पर पुलिसवालों ने हमें रोक लिया। उस समय अलीगढ़ का माहौल सांप्रदायिक दंगे की चपेट में था। पुलिस के चार जवान हमसे दारोगाजी के निकट चलने का हठ कर रहे थे, जो मुख्य सड़क से थोड़ी दूरी पर गली में डेरा डाले हुए थे। हमने गली में जाने से इनकार कर दिया। काफी जद्दोजहद के बाद दारोगाजी हमें बड़े ताव में आकर खिरनी गेट पुलिस चौकी लेकर आए। हमने अपना परिचय दिया। गरमागरम बहस हुई और दारोगाजी कुछ नरम पड़े। अब आदरणीया भाभी श्रीमती कृष्णा द्विवेदी का पारा हाई हो गया। वे कहने लगीं "आप हमारा चालान कर दीजिए कि रात के एक बजे दो पुरुष, दो महिलाओं का अपहरण करके ले जा रहे थे।" मैंने बड़े आदर के साथ हलके-फुलके मूड में दारोगाजी से कहा "दारोगाजी, इस धारा में हमें मत फँसाइए। कारण बड़ा स्पष्ट है, ये दोनों तो विवाहित दंपति हैं। विवाह प्रमाण-पत्र दिखाकर छूट जाएँगे। दूसरी महिला जी.जी.आई.सी., खिरनीगेट में हिंदी प्रवक्ता हैं। अत: इन्हें भी शीघ्र ज़मानत मिल जाएगी। मैं बीच में निरपराध फँस जाऊँगा। अत: कृपा करके ऐसा अनर्थ न करें।" मेरी बात पर सभी खिलखिलाकर हँसने लगे और बात आई-गई हो गई।

इस घटना का उल्लेख, मात्र यह संदेश देना है कि द्विवेदीजी कभी भी बेख़ौफ़ पंगा लेने में हिचकिचाते नहीं थे। शायद यही कारण है कि अपने सेवाकाल में कॉलेज-प्रबंधन से उलझते रहे। किंतु कहते हैं न—साँच को आँच कहाँ? अत: वे सभी झंझटों से मुक्त होते रहे।

श्री द्विवेदी का कृतित्व-गहन सामाजिकता से व्युत्पन्न, जनचेतना से संपन्न, लोकरस से आप्लावित रहा है। यही उनके कृतित्व की वह शक्ति है, जिसने उन्हें अपने समकालीनों के मध्य एक विलग पहचान दी। इसी अमोघ शक्ति ने शंकर द्विवेदी को अखिल भारतीय स्तर पर अकूत ख्याति व सम्मान अर्जित कराया।

दैव-दुर्विपाक से उनका साहित्य उनके जीवन-काल में प्रकाशित न हो सका। उनका एक गीत-संग्रह 'अंतत:' मरणोपरांत प्रकाशित हुआ था, जिसका विमोचन पद्मभूषण गोपालदास 'नीरज' के कर-कमलों से हुआ था। अब उनके आत्मज

चि. आशीष व चि. राहुल इस भागीरथी कृत्य में जुटे हुए हैं। परमपिता परमेश्वर से यही हार्दिक मंगलकामना है कि उनके आत्मजों के इस शुभ संकल्प को शीघ्रातिशीघ्र निर्विवाद सिद्धि प्राप्त हो। इत्यलम्।

शुभेच्छु

—डॉ. शिव नारायण शर्मा
(कृतकार्य प्रोफेसर)
हिंदी विभाग
अलीगढ़ मुसलिम विश्वविद्यालय
अलीगढ़ (उ.प्र.)

आवास
27, न्यू सुभाष नगर, फेज-2
टेलीफोन एक्सचेंज
लॉयर्स कॉलोनी, आगरा (उ.प्र.)
दूरभाष : 9997410337

संपादकीय

'तिरंगे को कभी झुकने नहीं दोगे'—हिंदी व ब्रजभाषा के मूर्धन्य कवि स्व. शंकर द्विवेदी की राष्ट्रीय-सांस्कृतिक चेतनापूर्ण वीर-रस प्रधान काव्य धारा की चुनिंदा कविताओं का संकलन है। अब से लगभग 40 वर्ष पूर्व स्व. द्विवेदी का ओजमयी स्वर अखिल भारतीय कवि-सम्मेलनों की मंचीय परंपरा के प्रमुख स्वरों में विद्यमान था। दैव-दुर्विपाक वश एक सड़क दुर्घटना में उनके असमय निधन से चालीस वर्षों के इस शून्यकाल ने उनके

काव्य प्रकाशन पर ग्रहण सा लगा दिया था। 'रघुवंश महाकाव्यम्' के सूत्र कथन 'प्रारम्भसदृशोदयः' से स्पष्ट है कि प्रारंभ के समान ही उदय भी होता है। इस सूत्र के आधार पर साठ के दशक में उनकी सृजन-यात्रा का आरंभ था और अब यह श्री द्विवेदी के साहित्य का उदय-काल है।

चालीस की संख्या का संयोग स्व. द्विवेदी के जीवन में स्यात् किसी दैव-अभीष्ट का ही द्योतक है। उनका संपूर्ण जीवन-काल कुल चालीस वर्षीय था और अब काव्य का पुनर्प्रकाशन भी उनके महाप्रयाण के लगभग चालीस वर्षांतराल पश्चात् ही संभव हुआ है। इस अल्प से जीवन-काल में उनका सृजन-चक्र तो अल्प में भी न्यूनावधि वाला रहा है। यह सृजन-चक्र इतस्ततः कोई बीस-बाईस वर्ष का ही है। परंतु उनकी अद्भुत काव्य-प्रतिभा ने उन्हें इस अल्पावधि में भी साहित्य के चरम-शिखर पर विराजमान कर दिया था।

काव्य-कुलशिरोमणि गोस्वामी तुलसीदास ने मानवी जीवन में समय को ही प्रबल माना—'तुलसी नर का क्या बड़ा, समय बड़ा बलवान'। समय की इसी महत्ता व प्रभुता को वे अनेक जगह उद्बोधित करते रहे हैं। उन्होंने बुद्धि,

बल, साहस, पराक्रम आदि सब गुणों की सफलता हेतु समय को ही कसौटी माना है—

बुद्धि-बल-साहस-पराक्रम, अछत राखे गोइ।
सकल साज-समाज-साधक, समउ कह सब कोइ॥

—तु.ग्रं. 2, गीतावली, सुंदरकांड 5/2)

सृजन-चक्र की अल्पता के अतिरिक्त कविवर शंकर द्विवेदी ने जो काव्य सृजित किया, वह किसी वटवृक्ष के समान ही अत्यंत वृहद् व विविधताओं से परिपूर्ण है। प्रस्तुत संग्रह में उनकी राष्ट्रीय-सांस्कृतिक चेतना के स्वरों का ही संकलन किया गया है। इस हेतु काव्य का चयन करते समय कई बार जोड़-घटा का गणितीय उपक्रम करना पड़ा। कुछ कढ़ने-गढ़ने-जड़ने हेतु किए गए मंथन से जो नवनीत प्राप्त हुआ, वह आपके सम्मुख 'तिरंगे को कभी झुकने न दोगे' की शक्ल में प्रस्तुत है। जोड़ने-घटाने के इस मंथन के परिणामवश उनकी कुल 36 रचनाओं को संकलित रूप दिया है। इनमें कई लंबी कविताओं के साथ-साथ कुछ गीतों (जिनमें से दो गीत ब्रजभाषा के भी हैं) का संकलन है, जिनके मूल में राष्ट्रीय-सांस्कृतिक प्रबोध है। इनमें से अनेक कविताएँ व गीत तत्कालीन पत्र-पत्रिकाओं में प्रकाशित भी हुए हैं तथा काव्य-मंचों व विभिन्न आकाशवाणी केंद्रों से प्रसारण के दौरान उनके द्वारा सुनाए जाते रहे हैं।

'ताजमहल', 'शांति का दीपक जलाने के लिए', 'शीश कटते हैं, कभी झुकते नहीं', 'देश की माटी नमन स्वीकार कर', 'ग्रीष्मकालीन शुक्ल पक्ष और कैलास', 'विश्वगुरु के अकिंचन शिष्यत्व पर', 'इस तिरंगे को कभी झुकने न दोगे', 'शिव-शंकर तुझे पुकारे', 'गाँधी-आश्रम' सरीखी कविताएँ उनकी कालजयी लेखनी का साक्षात् प्रमाण हैं। ये सभी रचनाएँ उनकी राष्ट्रीय-चिंतना तथा सनातनी सांस्कृतिक-बोध की परिचायक हैं। पाठकगण स्वयं इसकी अनुभूति भी करेंगे तथा साक्षी भी होंगे।

साहित्य के सृजन में शोधपरक समीक्षा व समालोचना, साहित्य की प्रमुख कसौटियाँ हैं। अत: पाठकों/समालोचकों/समीक्षकों हेतु, मेरे द्वारा हर संभव प्रयास किया गया है कि काव्यांत में उनकी सृजन तिथियों का उल्लेख किया जाए, जब वे उनके द्वारा सृजित हुईं। निश्चय ही तिथियों की उपलब्धिता सभी के लिए तत्कालीन देश-काल संबंधी राजनैतिक-सामरिक-सामाजिक परिस्थितियों की बोधगम्यता का आलंबन बनेगी।

पाठकों से एक नमित अनुरोध यह है कि संकलन में संगृहीत 'ताजमहल' कविता को किसी धर्म-विशेष के विरोध के दृष्टिकोण से पढ़ने व समीक्षित करने

के स्थान पर श्रमिक-वर्ग के प्रति कवि की संवेदना की अभिव्यक्ति तथा जनवादी-चेतना के काव्य-आधारों पर ही समीक्षित किया जाए। गणतंत्र दिवस के अवसर पर आयोजित कवि-सम्मेलन में लाल किले की प्राचीर से पढ़ी गई इस कविता को अपने अल्प काव्य-बोध व अकारण विवाद को जन्मने वाले कुछ तत्त्वों द्वारा अनावश्यक विवाद में घसीटने का कुप्रयास किया गया था, जोकि सुधी पाठकों द्वारा काव्याध्ययन के पश्चात् स्वयं इसकी पुरजोर संस्तुति करेगा।

संगच्छध्वं संवदध्वं सं वो मनांसि जानता।
देवा भागं यथा पूर्वे सञ्जानाना उपासते॥
—ऋग्वेद 10.181.2

अर्थात् साथ चलें, मिलकर बोलें। उसी सनातन मार्ग का अनुसरण करें, जिस पर पूर्वज चले हैं। इस वैदिक सूत्र का अनुकरण करते हुए हम दोनों भ्राताओं ने अब तक केवल पांडुलिपियों तक सीमित रहे उनके काव्य को जन-जन तक पहुँचाने का, जो भागीरथी-संकल्प सँजोया था, यह संकलन उसकी प्रथम भेंट है। उनके राजनैतिक-सामाजिक चिंतन, शृंगार-गीतों, ग़ज़लों, मुक्तकों तथा ब्रजभाषा-काव्य की अन्य कविताएँ भी प्रकाशनार्थ प्रस्तुत करने का संकल्प अभी शेष है।

यह भी उल्लेख करता चलूँ कि सन् 1985 में स्व. द्विवेदी के कुछ चुनिंदा शृंगार-गीतों का प्रकाशन आगरा के चर्चित व्यंग्यकार व सुकवि-हरेश चतुर्वेदी द्वारा संकल्प प्रकाशन, आगरा से किया गया था। इस गीत-संग्रह का विमोचन पद्मभूषण गोपालदास 'नीरज' के कर-कमलों से हुआ था तथा इस अवसर पर देश के अनेक सुप्रसिद्ध कवि भी उपस्थित थे, किंतु कालवश यह कृति जनसामान्य तक उपलब्ध न हो सकी तथा प्रकाशित होकर भी अप्रकाशित व अप्राप्य ही रही।

निश्चित है कि प्रकाशनोपरांत ये कविताएँ साहित्यानुरागियों के मध्य होंगी। पाठकों, समीक्षकों व समालोचकों की क्रिया-प्रतिक्रियाएँ भविष्य के कालखंड में निहित हैं। हम भ्राता-द्वय पर तो इन्हें केवल उनके पटल पर लाने का दायित्व भर है। समीक्षकों द्वारा काव्य संबंधी विद्वत्त टिप्पणियाँ क्या होंगी, यह अभी प्रतीक्षित है, किंतु कर्म का क्रियान्वयन होना ही मानवोचित धर्म है। भगवद्गीता में युगंधर श्रीकृष्ण का प्रथम प्रबोधन यही उद्घोष करता है—'धर्मक्षेत्रे, कुरुक्षेत्रे।' फल की देयता ईश्वर के निमित्त है। इसी भाव से हम अपना मात्र दायित्व निर्वहन कर रहे हैं। प्राणि मात्र के कल्याण हेतु इसका रहस्योद्घाटन स्वयं भगवान् श्रीकृष्ण ने भगवद्गीता में प्रतिपादित किया—'कर्मण्येवाधिकारस्ते मा फलेषु कदाचन्।' और कवि रहीम भी तो यही संकेत करते हैं—

निज कर क्रिया 'रहीम' कहि, सिधि भावी के हाथ।
पाँसा अपने हाथ में, दाँव न अपने हाथ।।

आपसे वार्त्ता के अंत में यह करबद्ध आग्रह है कि इस महासंकल्प को पूर्ण करने की तीव्राकांक्षा में निश्चय ही कुछ अस्पष्ट व अपूर्ण रह जाने की प्रबल संभावना है, कुछ शेष रह जाने का अज्ञात भय भी आंदोलित किए हुए है एवं कुछ मानवोचित त्रुटियों का संभाव्य अवश्यंभावी है। इसके लिए मैं आप सबसे क्षमा-प्रार्थी हूँ। यदि इन दोषों को मेरे समक्ष प्रस्तुत किया गया तो अगले संस्करण में इसका सुधार करने का अवश्यंभावी प्रयास करूँगा।

मैं अपनी भूलों/त्रुटियों आदि के लिए सब जीवों से क्षमायाचना करता हूँ। मेरा किसी के प्रति बैर या शत्रु भाव नहीं है—

खामेमि सव्वजीवे सव्वेजीवा खमंतु मे।
मित्ती मे सव्वभुएसु वैरं मज्झ न केणई।।

—इत्यलम्

आवास
विवेकानंद नगर, निकट कैलाश मंदिर
एल.आई.सी. के पीछे
अलीगढ़ मार्ग, हाथरस (उ.प्र.)
दूरभाष : 8077175090, 8791599128
इ-मेल : rahul1735mini@gmail.com

—राहुल द्विवेदी
(आत्मज—स्व. शंकर द्विवेदी)
हिंदी प्रवक्ता एवं विभागाध्यक्ष
दिल्ली पब्लिक स्कूल, विंध्यनगर
एन.टी.पी.सी. विंध्याचल
सिंगरौली (म.प्र.)

प्राक्कथन

वैदिक साहित्य में कवि को ईश्वर का पर्याय बताया गया है—*'कविर्मनीषी परिभूः स्वयंभूः '*— (*ईशावास्योपनिषद्*)। यहाँ कवि शब्द से तात्पर्य रचनात्मक संवेगों व प्रतिभा से युक्त उस विशिष्ट व्यक्तित्व से है, जो अपनी प्रतिभासंपन्न ऊर्जा से प्रस्तुत परिवेश को तत्त्वबोधिनी मनीषा से तेजस्वित कर देता है। वैदिक कालीन ऋषियों की ऋचा-संपन्न, मांगलिक कवित्व-प्रतिभा सर्वविदित है। 'ऋषयः मंत्राणां द्रष्टारः'—वैदिक युग में जिस प्रकार ऋषियों ने तत्त्वदर्शी मंत्रों का सृजन कर जगत् को तत्त्वबोध कराया था, उसी भाँति एक कवि भी अपनी काव्य-प्रतिभा से ऋषियों के समान ही तत्त्व और रहस्य का प्रबोधन कराता है। एक तथ्य और ध्यातव्य है, कविता करनेवाले तो अनेक लोग होते हैं, किंतु दैवीय गुणों से युक्त तत्त्वबोधिनी काव्य का सृजन करने की कवि-प्रतिभा विरलों में ही होती है—

नरत्वं दुर्लभं लोके, विद्या तत्र सुदुर्लभा।
कवित्वं दुर्लभं तत्र, शक्तिस्तत्र सुदुर्लभा॥
—*अग्निपुराणम्*

हिंदी व ब्रजभाषा के मूर्धन्य कवि स्व. शंकर द्विवेदी ऐसी ही विलक्षण तत्त्वबोधिनी मनीषा युक्त कविताओं के सर्जक रहे हैं। वे काव्यशास्त्रीय गौड़ीय रीति व उदात्त शैली के अनुकरणीय प्रणम्य कवियों, यथा—महाकवि बाण, भट्टनायक, महाकवि भूषण, चंद्रशेखर व दिनकर के ही उत्तराधिकारी कवि हैं। उनका काव्य-बोध भारतीय दर्शनशास्त्र के तत्त्वबोध का ही परिचायक है।

दार्शनिक अपनी शैली में तत्त्वज्ञान कराता है तो इसी हेतु कवि की अपनी शैली होती है। सुप्रसिद्ध रूसी समालोचक व चिंतक बैलिन्स्की के अनुसार, 'दार्शनिक युक्तियों में बात करता है, कवि छवियों और चित्रों में, लेकिन दोनों कहते एक ही तत्त्वबोध हैं।' इस आधार पर यदि कविवर शंकर द्विवेदी को दार्शनिक-सांस्कृतिक प्रबोधक कहें तो कोई अतिशयोक्ति न होगी। देशभक्ति की अविरल भाव-धारा तथा भारतीय संस्कृति के उच्चतम प्रतिमानों का प्रबोधन करानेवाला काव्य-संकलन 'तिरंगे को कभी झुकने न दोगे'— उनकी राष्ट्रीय-सांस्कृतिक चेतना में प्लावित उन प्रतिनिधि कविताओं व गीतों का संकलन है, जिनका सृजन कालखंड सन् 1962 से सन् 1972 के मध्य है।

यदि इस कालखंड के इतिहास पर दृष्टिपात करें तो यह कालखंड आर्यावर्त में युद्ध की विनाशक विभीषिका से आप्लावित कालखंड है। सन् 1962 में भारत-चीन युद्ध, सन् 1965 में भारत-पाक युद्ध, सन् 1967 में नाथूला दर्रे पर भारत-चीन झड़प और फिर सन् 1971 में पुनः भारत-पाक युद्ध की चीत्कारों की प्रतिध्वनि इतिहास के पृष्ठों पर आज भी स्पष्ट सुनी जा सकती हैं।

स्व. द्विवेदी का जन्म सन् 1941 में हुआ था। उस समय द्वितीय विश्वयुद्ध की विभीषिका से समूचा विश्व दहला हुआ था और फिर सन् 1947 से सन् 1949 तक पाकिस्तान के साथ चले काश्मीर युद्ध के विस्तार से देश और अधिक उद्वेलित हो उठा। श्री द्विवेदी के जन्म का समय उस युग के रूप में भी सम्मुख है, जब स्वातंत्र्य-लहर अपने चरम पर थी। राष्ट्रीयता के संदेश का प्रसार नगरों से होता हुआ गाँवों और गलियों तक पहुँच चुका था। भारतवर्ष में यह स्वतंत्रता का अरुणोदय था, राष्ट्र-मंगल के भाव पूर्णोद्वेलन पर थे और इसी उद्वेलन ने कवि शंकर द्विवेदी के बालमन को ऐसा मथा कि वे राष्ट्रीयता व सांस्कृतिक प्रबोध के अमर प्रणेता व गायक बनकर प्रकट हुए। उनकी ये कविताएँ राष्ट्र के स्वाभिमान का गायन हैं, शूरवीरों की शौर्य-गाथाओं का जीवंत कथानक हैं। अपनी संस्कृति के प्रति अगाध श्रद्धा के कारण ये कविताएँ सांस्कृतिक मंगलाचार की द्योतक हैं। इनकी विषय-वस्तु मानवोचित धर्म में संश्लिष्ट सत्यपथी काव्य-धर्म का उद्घोष है, साथ ही ये वैदिक-सनातनी परंपराओं की लोक कल्याणार्थ संवेद्य अभिव्यक्ति की अभ्यर्थना है।

दैवाभीष्ट से वैसे भी इन कविताओं का प्रकाशन ऐसे समय पर होना तय हुआ है, जब समग्र विश्व से और प्रतिवास से युद्धीली ध्वनियों की अपुष्ट मद्धिम ध्वनियाँ यदा-कदा देश को पुनः उद्वेलित करने के प्रयास में लगी हैं। ये कविताएँ भले ही

आज से पचास-साठ वर्ष पूर्व लिखी गईं, किंतु ये पुनः समीचीन व प्रासंगिक दिखाई देतीं है और यही इनकी कालजयता का प्रमाण है।

अथर्ववेद (7.81.2) की एक ऋचा में वर्णित है—'नवो-नवो भवसि जायमानः।' अर्थात् प्रकट होते हुए तू सदैव नया-नया प्रतीत होता है। इन कविताओं को पढ़कर भी कुछ ऐसा ही आभास होना सुनिश्चित है। उनकी शिल्पक परिधि का उत्कर्ष इन कविताओं में इस प्रकार परिलक्षित हो रहा है, जैसे—कवि के राष्ट्राभिमान की अनंत लीकें युग-पटल पर मूर्तिमान हो उठीं हों, या जैसे कवि के अंतर्निहित व्यक्तित्व का विराट् सत्य, साहित्य के व्यापक कैनवास पर अपनी काव्यमयी आभा की स्वर्णिम इमेज टाँक रहा हो। कहीं-कहीं तो ओज के प्रादुर्भाव से ऐसा आभास होने लगता है, जैसे—सतयुगी बोध का 'शंकर' धर्म-पुस्तकों और मंदिर की प्राचीरों से बाहर निकल, अपने स्वच्छंद छंदों से आधुनिक युग में तेजस्विता का एक नया परिवेश आविर्भूत कर रहा हो।

संकलन की आरंभिक कविता—'सरस्वती वंदना' में कवि शंकर द्विवेदी अपनी पुण्यभूमि में निवसित जन के सांस्कृतिक आचरण में गतिशील हो रही अपसंस्कृति और बढ़ती व्यभिचारिणी वृत्ति की जिस विभीषिका को महसूस करते हैं, उससे अत्यधिक व्यथित-पीड़ित हो उठते हैं। उनकी यही पीड़ा जब वेदना के स्वरों के साथ भाँवरें डाल लेती है, तब उसका कंठ प्रस्फुटन अपनी इष्ट व आराध्या महाश्वेता से सीधा तादात्म्य स्थापित कर लेता है। वेदना का यह स्वर ही 'वंदना' के शब्दों में निरूपित हो उठता है। वे वागीश्वरी से इस 'वेदना' रूपी 'वंदना' को निस्संकोच कह भी देते हैं—

हो गए संस्कारच्युत, ये आर्यजन इस देश में,
घूमते-फिरते दशानन, साधुओं के वेश में॥

× × × × ×

एक दिन थी गूँजती, ध्वनि वेद-मंत्रों की जहाँ—
हाय! ये पन्ने फटे हैं, रामचरितों के वहाँ॥

संवेदनशील व राष्ट्रभक्त कवि निश्चय ही अपनी अधिष्ठात्री अंबा से वरदान में अपने देश और देशवासियों का मंगल ही माँगेगा। अन्य याचकों की भाँति उसे धन या किसी अन्य मूल्यवान् वस्तु की कामना नहीं है। वह याचना भी करता है तो उसके प्रार्थित-स्वरों में अपने देशवासियों के कल्याण के साथ-साथ राष्ट्र का कल्याणकारी मंगल कर देने का भाव ही निहित होता है। शंकर द्विवेदी के याचना-स्वर भी ज्ञानदा से इसी अर्चना के साथ उद्यत हुए हैं—

शब्द को दे अर्थ की संगति मधुर लय में पगी।
और स्वर में वेदना हो, दीन-दु:खियों की जगी।
आभार! 'शंकर' को सदा, भव-भावना का भार दे॥

शंकर द्विवेदी कृत काव्य की जो विशेषताएँ पूर्वोक्त वर्णित हुईं, इस पुस्तक के प्रथम गीत—'वतन तुम्हारे साथ है' की आरंभिक पंक्तियाँ उसका पूर्ण अनुमोदन करती हैं। राष्ट्र-सीमा की रक्षा समस्त देशवासियों का राष्ट्रीय दायित्व है। युद्ध की विभीषिका में वीर प्रहरियों के साथ कंधे से कंधा मिलाकर खड़ा रहना हमारी राष्ट्रीय-सांस्कृतिक एकता व विरासत का प्रतीक है। राष्ट्र-सीमा के भीतर रहनेवाले पृथक् मतावलंबियों के लिए ऐसी परिस्थिति में राष्ट्र-धर्म से बड़ा कोई धर्म नहीं। यही भाव पूर्णोद्वेग से आरंभिक पंक्तियों में समन्वय के भाव लेकर अभिव्यक्त हुए हैं—

सीमा पर धरती की रक्षा में कटिबद्ध सिपाहियों—
हर मज़हब कुर्बान वतन पर, वतन तुम्हारे साथ है॥

इस गीत में जहाँ एक ओर वे देश की भौगोलिक-सांस्कृतिक विविधता का सुंदर चित्र खींचते हैं, वहीं दूसरी ओर उसकी गौरवशाली अनुपमेय श्लाघ्यता का बिंब भी बाँधते हैं। विविधता-वैचित्र्य की साझी विरासत को सँजोए हुए, एकता और भाईचारे का अप्रतिम प्रतिमान, भारत-भूमि का विशिष्ट गुण है। भारत के सादृश्य ऐसा आदर्श संसार के किसी अन्य देश के पास उपलब्ध नहीं। सांप्रदायिक-समन्वय की भावाभिव्यक्ति के लिए कवि की पंक्तियाँ मर्मस्पर्शी तो हैं ही, साथ ही सामंजस्यता का ऐसा दृष्टांत प्रस्तुत करती हैं कि मन-मयूर भावविभोर होकर नृत्य कर उठे—

चढ़कर आनेवाले वैरी को देना चेतावनी।
'गीता' और 'कुरान' साथ हैं, घर-द्वारे हैं छावनी॥

× × × × ×

माथा दु:खे अगर पूरब का, अँखियाँ भरें पछाँह की,
बाट जोहता रहता सागर, हिमगिरि के प्रस्ताव की॥
प्राणाधिक प्रिय हमें रही है, माटी अपने देश की,
अनुमति लेनी होगी, आँधी को भी यहाँ प्रवेश की॥

देशवासियों का राष्ट्र-रज के प्रति ऐसा अनन्य अनुराग, कवि की अंतश्चेतना में ऐसी अनुरक्ति का उदय कर देता है कि यही अनुराग उपरोक्त पंक्तियों के परिच्छेद का प्रेरणा-मूल बन जाता है। इसी प्रेरणा के वशीभूत वह दृढ़ता व साहस से अनुमति बिना देश की सीमा में प्रविष्ट होने का दुस्साहस करनेवाले प्रवासी प्रभंजन को भी

ललकार देता है। अपनी मातृभूमि की संरक्षा के प्रति संकल्पबद्ध कवि भारत-चीन युद्ध के विषाद से उपजे गीत 'शिव-शंकर तुझे पुकारे' में इसी भाव की पुनश्च गर्जना के साथ प्रस्तुत होता है—

मंदिर-मसजिद-गुरुद्वारों के द्वार एक हो जाएँ।
घर-घर जन्में कुँवर-कन्हैया फिर से गीता गाएँ॥

निश्चय ही ऐसी पंक्तियाँ सत्यपथी काव्य-धर्म की साक्षात् उद्घोषणाएँ हैं। कविता का धर्म, मानवता है। राष्ट्र-सीमा के अंदर बसनेवाले विभिन्न मतावलंबियों के लिए देश-रक्षा हित राष्ट्र-धर्म का अनुगमन ही परम कर्तव्य बन जाता है। सभी जाति, पंथ, मत, धर्म आदि राष्ट्र-धर्म के एक बिंदु पर जाकर अवस्थित हो जाते हैं। फिर युद्ध जैसी आपातकालीन स्थिति में तो राष्ट्रधर्म ही सर्वोपरि है—'शीश कटते हैं, कभी, झुकते नहीं', कविता में परमवीर भूषण 'अब्दुल हमीद' के बलिदान का प्रसंग उनकी कविता के आँगन में अपने बलिदानी वैभव पर इठलाता हुआ राष्ट्रधर्म तथा सर्वधर्म समभाव का एक जीवंत महाकाव्य बन जाता है—

किंतु अब इस देश के इतिहास में, एक नूतन पृष्ठ लहू से रँगा—
जुड़ चुका, स्वर्णाक्षरों में दीप्त है, चिर-अमर प्रिय नाम, 'वीर-हमीद' का॥
क्योंकि उसने मस्जिदें तोड़ी नहीं, मंदिरों की आरती बुझने न दी।
ग्रंथ को पूजा, पढ़ी थी बाइबिल, मिट गया, लेकिन ध्वजा झुकने न दी॥

युद्ध की विभीषिका भले ही भयाक्रांत वातावरण का निर्माण करती हो, पर प्रश्न जब राष्ट्र की रक्षा का हो, तब राष्ट्र-बलिवेदी पर विहंस आहुतियाँ ही भयावहता से मुक्ति का साधन हैं। स्यात् यही शूरोचित धर्म भी है। शंकर द्विवेदी के काव्य-प्रांगण की रणभूमि में शूरोचित धर्म की अभिव्यक्तियाँ मंजुल शब्दावलियों की धानी चूनर ओढ़कर ऐसे भावों का सृजन कर देती हैं कि राष्ट्रवेदिका पर बलि देना किसी पर्व के समान लगने लगता है—

बलि को पर्व समझनेवाले अपने भारतवर्ष का—
देखें कौन 'केतु' ग्रसता है, बालारुण उत्कर्ष का ?

हमारी सांस्कृतिक विरासत जितनी पुरातन है, उतनी ही यहाँ की बलिदानी परिपाटी भी। हम युद्धापेक्षी कभी नहीं रहे, पर छल-छद्म और विवशता के कुहासे में छिपा युद्ध यदि द्वार पर पहुँच ललकारे, तब वीर भुजाओं का फड़कना अवश्यंभावी है। शूरवीर ललकारों का स्वागत सदा तलवार से ही करते हैं—

यहाँ हर हृदय का स्वागत, सदा होता हृदय से है,
मगर-ललकार का स्वागत, सदा तलवार करती है॥

शहीदों की परंपरित श्रृखलाओं का पावन धाम है—पुण्य धरा भारत। यहाँ रणभेरियों का निनाद मृत-देहों में भी प्राणवानता का संचार कर देता है। 'मुर्दा श्वास जिया करती हैं'—कविता में कविवर शंकर द्विवेदी की कलम से भी यही निनाद प्रकट हो रहा है—

पापी-पशु, प्रतिमूर्ति अहम् की, सीमा पर चढ़ आनेवाले—
तुझको क्या मालूम कि भारत देश शहीदों की धरती है॥

× × × × ×

ऐक्य-सूत्र-आबद्ध, हमारा भारत अब निष्प्राण नहीं है।
रण के नाम यहाँ सोई क्या, मुर्दा श्वास जिया करती हैं॥

युद्ध-प्रेरित पंक्तियों का तात्पर्य यह नहीं कि शंकर द्विवेदी युद्धप्रिय हैं। महाभारत काल में युगंधर श्रीकृष्ण जिस तरह युद्ध तत्पर नहीं थे, युद्ध का विभीषक परिणाम उनसे अधिक किसे ज्ञात था, किंतु धर्म और शांति की स्थापना हेतु ही उन्होंने युद्ध को स्वीकारा। कवि शंकर द्विवेदी ने भी युद्ध को ठीक उसी भाव में स्वीकारा है। युद्ध विक्षिप्तता का प्रतीक है। इसकी विभीषिका महाविनाश को स्वयं आमंत्रण देती है। निश्चय ही युद्ध निदान नहीं, वरन् एक समस्या है; समस्या ही नहीं, विकराल समस्या। शंकर द्विवेदी के काव्य में भी शांति की स्थापना हेतु ही युद्ध की अनिवार्यता है। यदि उद्देश्य शांति-स्थापन है, तो उनके काव्य में निश्चय ही यह पुण्य-कर्म के रूप में उपस्थित है। 'अजेय कीर्तिस्तंभ' कविता में तो संग्राम की अत्याज्य परिस्थिति में वे वीरों के लिए रणधरित्री को किसी तपस्थली या तीर्थ के समान पावन मानते हैं—

आत्म-त्राण के लिए, लड़ें युद्ध, पुण्य काम।
वीर के लिए, पुनीत युद्ध-भूमि, तीर्थ-धाम॥

उनके काव्य में युद्ध का चिंतन-'सर्वे भवन्तु सुखिनः' की पुनीत-भावना में पगे वैश्विक वैदिक-मंगल के साथ ही उपस्थित है। वे श्रीकृष्ण के समान ही युद्ध को केवल स्थायी शांति की स्थापना के लिए अनिवार्य मानते हैं—

युद्ध, केवल युद्ध क्षमतावान है—
शांति का दीपक जलाने के लिए॥

युद्ध की अटल स्थिति में तो पार्थसारथी श्रीकृष्ण ने युद्ध के अवसर की उपलब्धिता को न केवल क्षत्रिय कुल का सौभाग्य बताया है, अपितु क्षत्रिय कुल के लिए कल्याणकारी भी माना हैं—

स्वधर्ममपि चावेक्ष्य न विकम्पितुमर्हसि।
धर्म्याद्धि युद्धाच्छ्रेयोऽन्यक्षत्रियस्य न विद्यते॥
यदृच्छया चोपपन्नं स्वर्गद्वारमपावृतम्।
सुखिनः क्षत्रियाः पार्थ लभन्ते युद्धमीदृशम्॥

कविवर शंकर द्विवेदी भी पुनीता 'गीता' में सारथी श्रीकृष्ण के इस सूत्र कथन का अनुकरण करते हैं। कच्छकेरन युद्ध की स्थिति पर एक सैनिक के उद्गार के रूप में लिखी कविता—'देश की माटी नमन स्वीकार कर' में रणमोर्चे पर सैनिक के मुखवचन से यही व्यंजना काव्य रूप में प्रकट हुई है। वह युद्ध के सौभाग्य से तो उत्साहित है, परंतु दूसरी ओर देश की स्वार्थपरक राजनीति के पतनोन्मुखी आचरण और उदासीनता के प्रति खिन्न भी है—

क्षत्रियों को युद्ध जब सौभाग्य हो,
तब कहीं उपलब्ध होता है, स्वयं—
सारथी 'श्रीकृष्ण' का है यह कथन;
किंतु अब खंडित हुआ इसका अहम्॥

युद्ध में विजय का मूल हैं—उचित रणनीति, उत्साहवर्द्धन व सम्यक् मार्गदर्शन; किंतु राजनीतिक सत्ताएँ युद्धभूमि में हुई जय को जिस प्रकार समझौतों की मेज़ पर पराजय में परिवर्तित कर देती हैं, वह कवि को कदापि स्वीकार नहीं। यह बलिदान का उपहास है। राजनीतिक उदासीनता, विद्रूपता व स्वार्थ-सिद्धि के कारण सैनिकों के त्याग व बलिदान का ऐसा उपहास कवि का भावुक हृदय स्वीकार नहीं कर पाता। रक्त से हुई जय, स्याहियों की कलुषित कालिमा से पराजय में बदल दी जाती हैं। कवि का हृदय इस पराजय पर व्यथित हो, चीत्कार कर उठता है। कविश्रेष्ठ सोम ठाकुर भी अपनी एक कविता में कहते हैं—'इतिहास जो हमने लिखा था ख़ून से, स्याहियों से आज उसको धो दिया।'

कविवर शंकर द्विवेदी की व्यथा भी हृदय में पनप रहे विक्षोभ से विद्रोह में परिणत हो जाती है। विद्रोह के आवेग में—'शांति का दीपक जलाने के लिए' कविता में वे ऐसी घृणित राजनीति पर किए गए विप्लवी-व्यंग्य को साहसपूर्वक वर्णित कर देते हैं—

नीतियों का मान रखने के लिए—
कर दिया अपमान उस इतिहास का।
रीतियों ने भोज-पत्रों पर जिसे—
रक्त से लिख-लिख, युगों संचित रखा॥

उनका यह कटाक्ष यहीं समाप्त नहीं होता। 'देश की माटी, नमन स्वीकार कर' कविता में सैनिक अपना उद्गार व्यक्त करते हुए अनिच्छित मन से ऐसी राजनीति का

न केवल उपहास उड़ाता है, वरन् उस पर आक्षेप मढ़ता हुआ राजनीतिक इच्छाशक्ति को व्यक्तिवादी और ग़द्दार तक कह देता है—

है अनिच्छा, किंतु कहता हूँ, सुनो—
हाथ जिन पर शक्ति है, अधिकार हैं—
व्यक्तिवादी हैं, स्वयं में लीन हैं,
यों समझ लो, आदतन ग़द्दार हैं॥

सैनिक अपने उद्गार में राजनीतिक क्लीवता के प्रति उभरे आक्रोश से क्षुब्ध व संतापित हो, आराध्या माँ से राष्ट्र हित में कृष्ण जैसे सारथी उपलब्ध कराने का आह्वान कर बैठता है। वह दृढ़ता से कहता है कि देश में पार्थ सम युयुत्सुओं का अभाव नहीं, अभाव है तो सम्यक् पथ प्रदर्शन करनेवाले कृष्ण सम सारथी का। यह शंकर द्विवेदी की काव्य प्रतिभा का कौतुक ही है कि यही भावाभिव्यक्ति चिर-स्मरणीय सूक्ति के आकार में जीवंत हो जाती है—

पार्थ अगणित हैं; मगर इस देश को,
सारथी दे, सारथी, माँ! सारथी।
सारथी ऐसा कि-जो वह ज्ञान दे;
पार्थ नत-मस्तक उतारे आरती॥

पूर्वोक्त भी है और पुनरुक्त भी कि कवि युद्ध तत्पर नहीं, केवल अपरिहार्य परिस्थितियों में ही वह उसके लिए वरेण्य है। उनकी कविताओं के अध्ययन से ज्ञात होगा कि जन-आराध्य वासुदेव की भाँति ही युद्ध के विध्वंसक स्वरूप के प्रति उनका कवि मन पूर्णत: सजग भी है, सचेत भी। जिस प्रकार वासुदेव ने युद्ध को टालने के हर संभव प्रयोजन किए; इसलिए नहीं कि वे भीरु वृत्ति से ग्रस्त थे, अपितु इसलिए कि वे उसके विध्वंसक व विनाशकारी स्वरूप को एक युगद्रष्टा की तरह भलीभाँति समझते थे। द्विवेदीजी ब्रज में जनमे हैं, कृष्ण के चरित्र का उनके व्यक्तित्व में समाविष्ट होना सहज-स्वाभाविक ही है। कृष्ण का व्यक्तित्व और उनके जीवन में घटित घटनाओं का विशेष प्रभाव कवि शंकर द्विवेदी की लेखनी में स्पष्ट दृष्टिगोचर है। 'तुम काश्मीर के लिए न शमशीरें तानो' कविता में युद्ध की इसी विभीषिका के प्रति उनके संवेदनशील व चिंतित स्वरों का स्फुरण स्पष्ट सुनाई पड़ता है—

घुटकर मर जाएँगे कितने अबोध सपने?
क्रंदन से कान दिशाओं के फट जाएँगे।
कितने हाथों की हरी चूड़ियाँ टूटेंगी?
कितने राखी के तार, धरे रह जाएँगे?

× × × × ×

कितनी गोदों में सूनापन गहराएगा ?
कब, कौन ब्याह से पहले ही विधवा होगी ?
कितने तुतले बचपन अनाथ से भटकेंगे ?
कितने यौवन हो जाएँगे, खंडित योगी ?

इतना ही नहीं, युद्ध के परिणामों के प्रति कवि की संवेदना इतनी सघन है कि उनकी मीमांसक दृष्टि में युद्ध के पश्चात् पर्व की शुचिता व उसका उत्साह भी छिन्न-भिन्न हो जाता है। ऐसे परिदृश्य में पर्व का आनंद व उल्लास नष्ट होकर मातम की वीभत्सता का परिचायक बन जाता है। इसीलिए वे लिख रहे हैं—

फिर ईद-मुबारक के दिन भी मातम होगा,
इसलिए हमें चिंता है, युद्ध न छिड़ पाए!

कवि निस्संदेह कलाप्रिय होते हैं। संगीत के रागों के प्रति उनमें विशिष्ट रागात्मक-चेतना विद्यमान रहती है। इसी कलाप्रियता के कारण कविवर शंकर द्विवेदी को 'शांति-राग' तथा 'भैरव-राग' का अंतर स्पष्टतया ज्ञात है। वे शांति का गीत गाना चाहते हैं, 'भैरव-राग' नहीं—

निर्द्वंद्व शांति के गीत हमें गा लेने दो—
मत करो कभी मजबूर कि भैरव में गाएँ।

युद्ध की विभीषिका से भलीभाँति परिचित, भावुक कवि-हृदय संवेदनाओं के सागर में गहरे डूब जाता है। संवेदना अब वैचारिक मंथन में परिवर्तित हो जाती है। इस मंथन के परिणामवश कवि अब सचेतक की भूमिका में भी दिखने लगता है। वह सर्वतोभाव जानता है कि हमारे शत्रु देश के पास जो सामर्थ्य और सोच है, वह पराई है। कवि इस नकारात्मक उत्प्रेरण से मानवता पर आनेवाले बड़े संकट की पदचापों को महसूस कर लेता है। तब कड़े शब्दों में ही सही, पार्श्ववर्ती देश को वह नेक परामर्शदाता की तरह परामर्श भी देता है। महोपनिषद में वर्णित—'वसुधैव कुटुम्बकम्' के महासूत्र का अनुवर्तक कवि, विश्व-बंधुत्व का सनातनी-मुक्तहस्त परिचय प्रस्तुत कर देता है। संकटापन्न शत्रु देश द्वारा सहायतार्थ पुकारने पर उनके निमित्त भी अपनी बाँहें पसार, वह सहायतार्थ तत्पर है—

जिन पर तूने विश्वास किया है, उनकी ही—
संगीनें, जब तेरे सीने पर तन जाएँ।
अपना कहकर आवाज़ लगा लेना मुझको—
आऊँगा, भाईचारा कहीं न मिट जाए।।

यद्यपि कविवर शत्रुओं के प्रति उदार हैं, पर उससे भी अधिक अपनी मातृभूमि

के प्रति समर्पित हैं और इसी समर्पण-भाव की प्रबलता के कारण धरा-धूलि की रक्षार्थ प्रतिबद्ध भी हैं। वह भूमि संचयन के लिए युद्ध के समर्थक नहीं, केवल अपनी धरती की रक्षा के लिए युद्ध के समर्थक है। कवि शंकर को यह प्रेरणा हमारे शांतिप्रिय आध्यात्मिक चेतना के युग-संचित संस्कारों से प्राप्त हुई है। भारत के यशस्वी प्रधानमंत्री व भावुक कवि हृदयी व्यक्तित्व 'भारतरत्न अटल बिहारी वाजपेयी' भी अपनी सुप्रसिद्ध कविता 'रग-रग हिंदू मेरा परिचय' में इसी संस्कारवश लिखते हैं—'भू-भाग नहीं, शत-शत मानव के हृदय जीतने का निश्चय'। 'शीश कटते हैं, कभी झुकते नहीं' कविता में शब्दित यही संस्कार काव्य प्रांजलता के साथ प्रवाहित हुए हैं—

> पृष्ठ तो इतिहास के पलटो तनिक,
> हम किसी साम्राज्य के इच्छुक नहीं।
> पर धरा की धूल की रक्षार्थ भी;
> हम पराए द्वार पर भिक्षुक नहीं॥

ठीक ऐसा ही विचार 'तुम काश्मीर के लिए न शमशीरें तानो' कविता में अभिव्यक्त हुआ है—

> हर पंथ किया, वेदों ने सदा प्रशस्त हमें,
> सब कुछ ईश्वर का दिया हुआ है धरती पर।
> हम भागधेय औरों का लेते नहीं कभी—
> दावा न किसी का होने देंगे-मिट्टी पर॥

माधव सदाशिवराव गोलवलकरजी ने अपने प्रसिद्ध भाषण 'वयं पंचाधिकं'—में संबोधित करते हुए कहा था कि 'सच्चा राष्ट्रभक्त वह है, जो स्वयं के लिए संन्यस्त और राष्ट्र के लिए दिन-रात छटपटाता रहता है।' स्वामी रामतीर्थ ने भी कहा है कि 'राष्ट्र के हित की वृद्धि के लिए प्रयत्न करना ही आधिदैविक शक्तियों, अर्थात् देवताओं की आराधना करना है।' युवाओं को प्रेरित करती शीर्षक कविता—'इस तिरंगे को कभी झुकने न दोगे' उपरोक्त सूत्रकथनों की अविभक्त अभिव्यंजना है, एक काव्य दृष्टांत उल्लेखनीय है—

> व्यक्ति का जीवन-धरोहर देश की है,
> गहनता के साथ फैले, तो उचित है।
> अन्यथा अति-वृष्टि जल की भाँति, उसका—
> सूखना, सत्वर सिमट जाना विहित है॥

शंकर द्विवेदी की कविताओं के गहन अध्ययन से बोधगम्य है कि कवि का काव्य-चिंतन; धर्म, अध्यात्म, इतिहास, वैदिक-सनातन संस्कृति की श्रेष्ठ मनीषा

का चिंतन है। जन–आराध्य मर्यादा पुरुषोत्तम श्रीराम व युगंधर श्रीकृष्ण, भारतीय जनचेतना के अद्वितीय राष्ट्रनायक हैं। कवि–हृदय में इन जननायकों के प्रति अगाध श्रद्धा व आस्था का भाव है। यही कारण है कि इन प्रेरक पुरुषों के जीवन प्रसंग तथा रामायण–महाभारत कालीन कथा–प्रसंग उनके काव्य में विपुल मात्रा में दीप्तमान हैं। पुरातन–पौराणिक कथा–साहित्य के भी अनेक कथानक व उनके कथानायक कवि शंकर की काव्यात्मक चेष्टा के परिणामवश कविता में अंतर्भुक्त, यत्र–तत्र विचरण करते सहज ही मिल जाएँगे—

आज यहाँ जन-जन के मन में पावन 'गीता' गूँज रही है।
मात्र यहीं गर्भस्थ तनय को, भीषण रण-शिक्षा मिलती है॥

× × × × ×

'राम-लक्ष्मण', 'भीम-अर्जुन' की कथा—
माँ अगर सोते समय कहती नहीं।

× × × × ×

यह वही देश है, जहाँ भूमि के लिए कभी—
रच गया 'महाभारत' बच्चों के खेलों-सा।

× × × × ×

तुम कहो कुछ भी, यहाँ चिंता किसे,
जो गरजते हैं, बरसते ही नहीं।
शर-शयन कृत 'भीष्म' की संतान के—
पाँव में काँटे कसकते ही नहीं॥

× × × × ×

बाल-सिंहों के दशन गिनते हुए—
'भरत' के निर्भीक कौतुक पर तुम्हें।
हो भले आश्चर्य; पर यह सत्य है,
गर्व है उसके पराक्रम पर हमें॥

× × × × ×

नाग यज्ञ रुके न, जनमेजय तुम्हें सौगंध,
भूल मत जाना परीक्षित देह का विष-दंश॥
इंद्र का अनुनय, न हो स्वीकार अबकी बार,
अंश-अंश मिटे धरा से दुष्ट वासुकि वंश॥

इतना ही नहीं, उनके काव्य–प्रांगण में पृथ्वीराज चौहान, महाराणा प्रताप,

शिवाजी, गोरा-बादल सरीखे अनेक ऐतिहासिक वीर भी अपनी शौर्य-गाथाओं की अभिजित कीर्ति के साथ उत्साह व प्रेरणा का संचार करते दिखते हैं। 'शीश कटते हैं, कभी झुकते नहीं' तथा 'तुम काश्मीर के लिए न शमशीरें तानो' कविताएँ तो ऐसे दृष्टांतों का उत्कृष्ट संदर्भ कोश हैं—

'अकबर' के लिए गीत श्रद्धा से, लिख देंगे—
गा देंगे, यह विश्वास कभी मत कर लेना।
तुम चले अगर 'औरंगज़ेब' के चिह्नों पर—
हर साँस 'शिवाजी' होगी, सोच-समझ लेना।।

× × × × ×

ऐसा न हो कि अंगार हिमालय से बरसें,
राजस्थानी तलवारें फिर से चमक उठें।
फिर 'चौहानों' के बाण धनुष पर चढ़ जाएँ—
'गुर्जर' बल खाकर, क्रुद्ध सिंह से गरज उठें।।

× × × × ×

'गोरा-बादल' का नाम सुना तो होगा ही—
कुछ डरो, न उनके कान भनक पड़ने पाए।।

× × × × ×

कह गया 'चाणक्य', उगती पौध का—
उचित संवर्द्धन करो, तो धूप दो।
प्रश्न-चिह्नों के शिरों को काट दो—
तुम विनत संबोधनों का रूप दो।।

× × × × ×

पूछ लो—'ग़ौरी' बताएगा तुम्हें,
काँपती आवाज़—'अकबर' की सुनो।
स्वप्न में भी टाप 'चेतक' की उसे—
त्रास देतीं हैं, रुको, यह भी गिनो।।

× × × × ×

पीतमुख नवरंग—'बाबर' के हृदय,
'गुरु', 'शिवा', 'सांगा' सभी की तेग की—
नोंक से घायल 'अलाउद्दीन' को—
नोंचती है हार रणथम्भौर की।।

इन ऐतिहासिक वृत्तों का वर्णन करते समय वे अपने कवि-कुल पूर्वजों का भी श्रद्धा-स्मरण काव्य में निवेदित करते हुए स्वयं को गौरवान्वित महसूस करते हैं। वे उनकी परंपरा के अनुगमन को आज भी तत्पर दिखाई जान पड़ते हैं, इसीलिए चेतावनी भरे स्वरों में शत्रु को ललकारते हुए सचेत करते हैं—

क्या होगा, हर कवि रूप धरे यदि 'भूषण' का?
फिर 'रासो' रचने 'चंद' धरा पर आ जाएँ॥

सच्चिदानंद हीरानंद वात्स्यायन 'अज्ञेय' 'अद्यतन' में संस्कृति पर प्रकाश डालते हुए कहते हैं कि 'अगर देश एक सांस्कृतिक इकाई नहीं है और वैसी अस्मिता का बोध उसमें नहीं है, तो वह आर्थिक प्रगति के बावजूद वेध्य बना रहेगा—विघटन की प्रवृत्ति किसी भी समय उसके भीतर उभर सकेगी।' अज्ञेय का यह तर्क कविवर शंकर द्विवेदी की कविता में पाश्चात्य सभ्यता के बढ़ते प्रसार और आर्य-संस्कृति के दैनंदिन पतनोन्मुखी आचरण से उपजी यंत्रणा की भावाभिव्यक्ति में मुखर हुआ है। 'सरस्वती वंदना' तथा 'विश्व-गुरु के अकिंचन शिष्यत्व पर' कविता में कवि अनेक स्थानों पर इन ध्वनियों को शब्द-रूपित करता है और भावी पीढ़ी को इसके प्रति सचेत करना चाहता है—

एक दिन थी गूँजती ध्वनि वेद-मंत्रों की जहाँ।
हाय! ये पन्ने फटे हैं रामचरितों के वहाँ॥

× × × × ×

पास अर्जुन के गए, गुरु-द्रोण बोले—'वत्स!
सूखता है कंठ, मुझको लग रही है प्यास;
घूँट भर पानी पिऊँगा, फिर गहूँगा पंथ'—
पार्थ भूले हैं नमन का आचरण-अभ्यास॥

× × × × ×

राम जाने, जा रहे हो किस दिशा की ओर?
देश मेरे! अनुसरण करने लगे हो आज।
'मौर्यवर'!—'चाणक्य' से करते नहीं हो बात—
वाह! झुकते भी नहीं, आने लगी है लाज!॥

× × × × ×

धिक्, हमारी सभ्यता के-वर्तमान विकास,
धिक्, हमारी परिधि का सिमटा हुआ यह बिंदु।
मान्यता अस्थिर लहर को दे रहे हैं हम—
काँपते हैं तब कि जब हम तैरते हैं सिंधु॥

कवि को पाश्चात्य सभ्यता की अपसंस्कृति के अंधानुकरण से उपजे नैतिक मूल्यों के अवमूल्यन की विषम चुनौती का अपाकरण भी वैदिक-सभ्यता के मूल में युग-स्थापित, उच्चतम सांस्कृतिक मूल्यों की पुर्नस्थापना से ही संभव दिखता है। वे लिखते हैं—

फिर कहीं एकांत में हो सघन तरु की छाँह,
छन रही हो टहनियों से दो-प्रहर की धूप।
गुरु उठाए हाथ, देते हों विहँस आशीष—
भाल चरणों में धरे हों-चक्रवर्ती भूप॥

'ग्रीष्मकालीन शुक्ल-पक्ष और कैलास' कविता में तो उनकी वैदिक-कालीन चेतना श्रेष्ठतम अभिव्यक्ति की अभ्यर्थना के रूप में प्रकट हुई है। उनकी इस कविता को यदि वैदिक कालीन संस्कृति का जीवंत एपिटोम (प्रतीक) कह दिया जाए तो कोई अतिशयोक्ति नहीं। यह कविता काव्यशास्त्रीय बिंब-विधान की दृष्टि से भी कवि की श्रेष्ठ रचना कही जा सकती है। कविता के छंदों का सौम्य नाद, वैदिक-कालीन शुचिता की आभा का जैसा प्रस्फुटन करता है, वह सहज ही मन को अपने वश में करता चला जाता है—

प्रातः-सायंकाल शिवालय में शंख-ध्वनि,
ऋषिकुल-ब्रह्मचर्य आश्रम में वेद-ऋचाएँ।
मन के अवसादों, दाहक सुधियों की ज्वाला;
शांति-सुरस-धारा से सहज प्रशांत बनाएँ॥

× × × × ×

निराभरण, सद्यःस्नाता गौरांग रमणियाँ—
भाव-विभोर, नमित-नयना बन अर्घ्य चढ़ातीं।
कोमल कर-सम्पुट में जल से भरा पात्र ले—
'विश्वानिदेव सवितर्दुरितानि परासुवः' गातीं॥

कविता में प्रकृति के उत्कृष्ट दृश्य-श्रव्य बिंबों का जो काव्य-प्रयोग दृष्टिगोचर है, वह उनके प्रकृति-प्रेमी कवि का भी सुंदरतम चित्र है। छंदों के क्रमिक अध्ययन से ऐसा अनुभूत होने लगता है कि कविता अपने पुनीत छंदों में—यज्ञोपवीत में पिरोई वैदिक ऋचाओं-सी पावन, चित्ताकर्षक शब्दावली के नाद-सौंदर्य से उद्गीथ बन गई हो। एक रमणीक-मनोहारी ग्राम्य परिवेश की अल्हड़ सहजता का अभिजात सम्मोहन, एक ऐसी सुखद प्रतीति—जो आर्यावर्त्त के सुदूर प्रांत-प्रांतरों में स्थित ग्रामों

में व्याप्त सौंदर्य और शब्दों के माहात्म्य के साथ अंतर्भुक्त होती हुई, प्रकृति-बिंबों का अनुपमेय-सम्मोहक जीवंत कैनवास बन, रंगों की आभा के साथ नयनाभिराम चित्रावली बनाती हृदयंगम होती चलती हो—

एक ओर सैकत-तट पर फैली हरियाली,
ककड़ी के पीले फूलों पर धवल चाँदनी।
हरित वर्ण, पीले टाँकोंवाली कंचुकी पर;
धरा-वधू ने ओढ़ रखी हो श्वेत ओढ़नी॥

× × × × ×

मसृण-रेशमी छितरे मेघों को अस्तंगत—
रवि ने दान दिया अपूर्व स्वर्णिम आभा का।
नील-व्योम लगता है, जैसे—कुँवर-कन्हैया;
भुज-पाशों में बाँध रहे हों तन राधा का॥

इसी रीति से 'माथे की बिंदी'—गीत भी भारतीय संस्कृति और स्वभाषा के प्रति कवि की अन्यतम श्रद्धा का गीत है। सांस्कृतिक मूल्यों की विरासत को पुनः प्राप्त करने की जो लालसा कवि के इस गीत में दिखती है, उसमें वे राजभाषा हिंदी की स्वीकार्यता की अनुशंसा करते प्रतीत होते हैं। यह गीत उनके हिंदी-अनुराग का विश्वस्त प्रदर्शन है। भारतवासी तो ज्योति-पंथ के पथिक हैं। निस्संदेह आत्मज्ञान अवपूर्ण, वेद-रत्नगर्भा तो किसी ज्योतिर्मय पुंज के समान ही ज्योतित है, किंतु ज्योति-पंथ के पथिकों का आत्मिक दौर्बल्य, कवि के हृदय को गहरे उद्वेलन से मथ डालता है। इस मंथन में उनकी आत्मिक व्यथा के भी दर्शन होते हैं—

ज्योति-पंथ पर स्वयं बहकते, शूल बिछाते जा रहे,
बाँहों वाले होकर भी हम, माँग-माँगकर खा रहे।

पाश्चात्य मूल्यों में निहित भौतिकवाद की प्रचुरता हमारे जीवन के लिए परमावश्यक मानवीय मूल्यों के स्थायीबोध के प्रति शून्य का अंकुरण कर देती है। वहीं भारतीय संस्कृति और उसके मूल्य सदैव स्थायी व शाश्वत सिद्धांतों के प्रति आस्थावान रहे हैं। अतः वे देशवासियों में क्षणभंगुर अनार्य सभ्यता के अंधानुकरण के प्रति आस्था-जागरण से चिंतित हैं। उनके विचार में यह नियमहीनता का अंधानुकरण है और नियमहीनता से परिपूर्ण जीवन गतिमय तो दिखता है, परंतु यह गतिमयता चिरकाल से स्थापित शाश्वत मानवीय मूल्यों यथा-दया, प्रेम, मैत्री, करुणा आदि के प्रति चित्त में शून्यता की अभिवृद्धि ही करती है। नियमहीन जीवन-शैली की न उचित दशा निर्मित हो पाती है और न दिशा—

> कब जाने किस ओर मुड़ेंगे इसके पाँव पता नहीं,
> नियम-हीन जीवन में गति हो; पर यह चेतनता नहीं।

दैनिक जीवन में आंग्ल भाषा के छद्म महिमामंडित उपयोग ने भी कवि के भावुक हृदय को अवसाद से भर दिया है। भाषायी संदर्भों में तो उन्हें यह स्वीकार्य है, किंतु स्वभाषा तथा स्वसंस्कारों को पतित करने की वंचनाएँ उन्हें पारदेशिक भाषाओं का छद्म प्रेरित महिमा-मंडन स्वीकारने का निषेध उद्यत कर देती है। वे विदेशी भाषा की तुलना संस्कारच्युत नारी से करते हुए देशवासियों को अपने दैनिक जीवन में सीता-माँ के सतीत्व की तरह मंजुल व पावन, स्वभाषा हिंदी के उपयोग को प्रोत्साहित-उद्दीपित करते हैं—

> अधवसना गोरी महिला को, कंगन मत पहनाइए।
> रघुकुल-तिलक! सती-सीता सी हिंदी को अपनाइए॥

शंकर द्विवेदी के मन में न जाने कितने लोकगीत और लोकगीतों की धुन बहती थी, कंठ तो मधुर था ही। जब तरंग में आ जाते तो घंटों तक लोकगीत सुनाते चले जाते। अपने अनेक गीत उन्होंने लोकधुनों में लिखे थे। उनका जन्म गाँव में हुआ था। गाँव के परिवेश की कुछ मूलभूत विशेषताएँ होती हैं—मानवी संबंधों की सघनता, सामाजिक-जीवन की प्रगाढ़ता, प्रकृति का खुला आँगन और समष्टि का जीवन।

समष्टि के जीवन में संवेदना भी गहन होती है, अर्थात् जैसा मेरा सुख-दुःख है, इन सभी लोगों का सुख-दुःख वैसा ही है। जीवन में समष्टि का भाव, सोच में समष्टि का भाव, अभिव्यक्ति में समष्टि का स्वर, समष्टि की संवेदना। समष्टि की यह संवेदना व्यष्टि भाव का निषेध नहीं है। व्यष्टि हित का साधन अनिवार्य है, किंतु वह साधन समष्टि की क़ीमत पर न हो। व्यष्टि और समष्टि का यह सामंजस्य गाँव के अंतःमन में बैठा हुआ है। यह समष्टि चेतना शंकर द्विवेदी के मन में रची-बसी थी और यही समष्टि चेतना उनके गीतों और कविताओं की पहचान है।

'गंगा-स्नान' कविता में शंकर द्विवेदी का वह अंतर्मन सजीव बनता जाता है। गंगातट की इस विसंगति पर कवि का दर्द जाग्रत् हो उठता है—

> गंगा के तट पर, देखो तो कितनी भीड़ लगी है,
> दान-पुण्य करने वालों पर, जिनकी दृष्टि जमी है।
> उन लोगों का ध्यान इधर फिरता ही नहीं कभी भी—
> फूटी कौड़ी नहीं गाँठ में, अपनी यही कमी है॥

और ये बात कहते-कहते वे आगे बढ़ गए—

जो पैरों चलकर आएँगे, जिन में श्रद्धा होगी,
अब सचमुच जनगंगा, केवल उन लोगों की होगी।

बात जन तक आ गई और 'जन की गंगा' की वह अवधारणा प्रकट हो गई, जो उनके अंतर्मन में बसी थी। जनगंगा, जनता गंगा ही तो है, उसी की तरह से पावन। आगे वे विश्वास के साथ कहते हैं—

जिनको लालच है, वे इतना कान खोलकर सुन लें—
बहनी थी, बह ली अब गंगा उल्टी नहीं बहेगी॥

देश के अंदर व्याल-झुंडों के समान व्याप्त होती जा रही विसंगतियों के प्रति उनका भावुक कवि-हृदय व्यथित-चिंतित हो उठता है। राजनीतिक इच्छाशक्ति की विद्रूपता तथा स्वार्थ-सिद्धि के वृत्त का असंतुलित फैलाव उनकी व्यथा के उद्वेग को और विस्तार देता है। भावों को बहलाना असंयमित स्थिति तक पहुँच जाता है और उनका द्रवीभूत हृदय साहित्यिक 'प्रतीकवाद' का संबल लेते हुए पीड़ित स्वर में गा उठता है—

धुआँ भर गया चंदन वन में, साँसों को कैसे समझाऊँ?
मोल बिकी कंचन के माटी, भावों को कब तक बहलाऊँ?

देश के अंदर सत्याग्रह के राजतिलक पर राजसत्ता का स्वार्थपूरित दैनंदिन बढ़ता अहंकार उनके स्वाभिमान को चुनौती देता है और वे हुंकार भर उठते हैं—

सत्याग्रह के राजतिलक होने का यह मत अर्थ करो—
सेनानी 'सुभाष' के पथ पर, गर्व करे इतिहास नहीं॥

कवि निर्भीक व सत्यवादी होता है। परस्पर स्वार्थ में डूबी राजनीति के प्रति निर्भीक हुंकारों के लिए राजसत्ता का अहंकारी दमन व अंकुश भी उसे सहन करना पड़ता है। वह जानता है कि अपमान का जो गरल उसे पीना पड़ रहा है, वह सत्य कह देने का उपहार है; किंतु तब भी वह सत्य का अडिग पक्षधर है। उसे यह ज्ञात है कि सत्य को अग्नि-परीक्षा देनी होती है, किंतु वह पराजित नहीं किया जा सकता। सत्य के इस उपहास पर उसकी पीड़ा मुखर हो उठती है और यही द्रवित भाव स्वपीड़ा का मधुरतम गीत बन जाता है—

मैं सच्चाई का लिए आधार जो हूँ—
इसलिए संसार में अपमान मेरा।

अपने कालखंड में देश-काल की परिस्थिति को अत्यंत सूक्ष्मता से निरीक्षित करता कवि जानता है कि यदि देश और धर्म की प्रतिष्ठा का संरक्षण करना है तो समय को व्यर्थ गँवाना अनर्थ को आमंत्रित करने जैसा है—

देश के लिए, धर्म के लिए, अगर कुछ करना है, तो व्यर्थ—
समय खोने का मतलब यही, बुलाना अपने आप अनर्थ।

संकलन में संग्रहीत 'ताजमहल' तथा 'गाँधी-आश्रम' कविताएँ उनकी गहन संवेदना एवं प्रगतिबोधक जनवादी काव्य-मनीषा की उपज हैं। ताजमहल के निर्माण को प्रेम-पक्ष से न जोड़ते हुए वे उसे श्रमिकों के प्रति अपनी संवेदना व उनके साथ हुए अन्याय से संबद्ध करते हैं। समष्टि की संवेदना का जो प्रस्फुटन इस कविता में हुआ है, वह वंदनीय व प्रणम्य है। यह इतिहास में घटी घटना ही सही, किंतु उस युग के जन की व्यथा का संवेदित तारल्य स्पष्टत: इस कविता में प्रवाहित होता प्रतीत है—

तेरा यह निर्माण इसलिए भी कलुषित है—
जन-धन का उपयोग व्यक्ति के लिए हुआ है।
धिक् धरती के विपुल वक्ष पर पड़े फफोले,
यमुना की संगत के बल पर खड़ा हुआ है॥

जीवन की नश्वरता के प्रति उदासीन बादशाह मूर्त-साधनों को ही प्रेम के प्रतीक के रूप में स्वीकारता है। अन्यायपूर्वक अपनी राजनीतिक शक्ति की हठधर्मिता से सब कुछ पा लेने का उसका राजसी दंभ आलोच्य है। प्रेम अमर-तत्त्व है, उसे प्रतीकों के संबल की अपेक्षा नहीं होती—

इतने पर भी मूढ़ नहीं समझा इतना भी,
संसृति का सबकुछ नश्वर ही तो है, केवल—
प्रेम अमर है, मूर्त साधनों के संबल की—
उसे अपेक्षा नहीं, तानकर फिर भी तेवर॥

राजनीतिक सामर्थ्य की यह बलात् जिगीषा कवि-हृदय को बादशाह के प्रति विप्लव से भर देती है और कविता के अंत में ताजमहल स्व-पश्चात्ताप में डूबकर आर्तनाद करता हुआ आत्मग्लानि से भर उठता है। दूसरी ओर भावतरल कवि, इमारत के वास्तविक निर्माता—'श्रमिकों' के धैर्य व उनकी सहनशिक्त के प्रति श्रद्धावनत हो जाता है—

मैं क्या था, राजसी दंभ या पागलपन का—
शोषण और रक्त से पनपा अनाचार था।
तृण से भी था नगण्य, जिस कारण पुजा हुआ था,
कलाकार की सहन शक्ति-'श्रम' का प्रचार था॥

शंकर द्विवेदी की ये कविताएँ केवल शब्दाभिव्यक्ति या भावाभिव्यक्ति नहीं

हैं, ये उनकी विद्वत् मनीषा के गहन चिंतन-मनन के मंथन का परिणाम हैं। इन कविताओं में उनके राष्ट्रप्रेम की अभिव्यक्ति भी है और भारतीय संस्कृति का अमर गायन भी। उनकी आध्यात्मिक चेतना के बिंदु भी इस कविता-सरिता में यत्र-तत्र प्रवहमान दिखते हैं। भावों में डूबा, अग-जग की पीड़ा का अमर गायक एक ओर तो राजनीतिक इच्छाशक्ति तथा सांस्कृतिक अधोपतन पर व्यथित-चिंतित दिखता है, वहीं सत्य के प्रति अपने दृढ़ाग्रह के कारण विप्लवी हुंकार भी भरने लगता है। ये कवि के राष्ट्राभिमान का अमर्त्य गायन भी हैं। संघ-प्रमुख परमवंदनीय माधव सदाशिव गोलवलकरजी ने 'श्री गुरुजी समग्र दर्शन', खंड-7 में लिखा है कि 'भक्तिवान अंत:करण ही चरित्रवान् होगा। मातृभूमि की भक्ति हृदय में जाग्रत् होगी तो सद्गुणों के अर्जित करने की चेष्टाओं में विलंब नहीं होगा।' श्री शंकर द्विवेदी की ये कविताएँ उनके इस कथन की अक्षुण्ण अनुशंसा का साक्षात् प्रमाण हैं।

कविताओं में उनका साहित्यिक कलाशिल्प, भाव-सौंदर्य उत्कृष्ट कोटि का है। छंदानुशासन, काव्यालंकरण, लयात्मकता, गेयता, नाद-सौंदर्य, उक्ति-वैचित्र्य, आत्माभिव्यक्ति इत्यादि अनेक काव्यशास्त्रीय गुण उनके सृजन के प्रांगण में स्पष्ट गोचर होते हैं। शब्द की त्रय-शक्तियाँ उनके काव्य में स्व-प्रकीर्ण आभा के साथ शोभायित हैं। शब्द-साधना तो अप्रतिम है। तत्सम शैली की भाव-प्रांजलता, नमित स्वरों के साथ अंतर्भुक्त होती हुई उनके काव्य ललाम की द्योतक है। काव्य का अध्ययन स्वयं इसका साक्ष्य प्रस्तुत करेगा। कवि द्विवेदी को यदि शब्द-शिल्पी कहा जाए तो अतिशयोक्ति न होगी।

उनकी ओजमयी वाणी पर मुग्ध होकर राष्ट्रकवि सोहनलाल द्विवेदी, पं. श्यामनारायण पांडेय, पं. रमानाथ अवस्थी जैसे कवि द्रवीभूत हो उठते थे। राष्ट्रकवि सोहनलाल द्विवेदी ने तो उनकी काव्य-प्रतिभा व ओजस्वी वाणी से प्रभावित होकर उन्हें हिंदी काव्य जगत का 'आधुनिक दिनकर' कहकर संबोधित किया था। भारत के यशस्वी प्रधानमंत्री 'भारत-रत्न अटलबिहारी वाजपेयी' भी उनकी काव्य-प्रतिभा के अनन्य प्रशंसक थे।

पद्मश्री आचार्य क्षेमचंद्र 'सुमन' ने अपने वृहत् शोध ग्रंथ 'दिवंगत हिंदी-सेवी कोश' के तृतीय खंड में उनके परिचय को संकलित करने हेतु अपेक्षित सामग्री एकत्रित की थी। इसी कोश के द्वितीय खंड के अंत में दिए गए परिशिष्ट-3 के अंतर्गत 'आगामी खंडों में समाविष्ट होने वाले हिंदी-सेवी' नामक सूची में उनका नाम भी सम्मिलित है, किंतु आचार्यवर की लंबी अस्वस्थता व सन् 1993 में निधन के साथ ही तृतीय खंड के इस प्रकाशन पर विराम लग गया था। अब पुन: डॉ. इंद्र

सेंगर व उनके साथियों के सद्प्रयासों से तृतीय खंड का प्रकाशन अस्तित्व में है। शीघ्र ही वे इस महान् ग्रंथ में हिंदी-सेवियों की शृंखला के अवयव होंगे।

एक बात और रचना पब्लिकेशंस, 30/106, विश्वास नगर, शाहदरा, नई दिल्ली द्वारा डॉ. शालिनी का एक शोध ग्रंथ—'हाथरस जनपद की साहित्यिक चेतना' हाल ही में प्रकाशित हुआ है। इस शोध ग्रंथ के पृष्ठों में भी कविवर शंकर द्विवेदी की साहित्यिक मनीषा का चिरंजीवी परिचय लेखिका द्वारा प्रकाशित किया गया है।

अपनी काव्य प्रतिभा से अखिल भारतीय काव्य-मंचों के उच्चतम शिखर-बिंदु पर तो वे अपना परचम लहराते-फहराते रहे, किंतु शंकर द्विवेदी को ईश्वर ने दीर्घायु प्रदान नहीं की थी। मथुरा से कोसीकलाँ जाते समय एक बस दुर्घटना में उनका महाप्रयाण हो गया और वे 40 वर्ष की अवस्था में ही चल बसे। जीवनकाल में भी उनका बहुत सा समय कॉलेजों के विवादों की भेंट चढ़ गया। परिणामस्वरूप उनकी काव्य प्रतिभा को वह प्रकाश नहीं मिल सका। इन विवादों में वे अडिग रहते थे, अत: अपनी कविताओं के प्रकाशन की बात भी नहीं सोच सके थे; किंतु उन्होंने जो कविताएँ लिखी हैं, उनमें उनकी ज़िदगी का स्पंदन है, द्वंद्व है और अक्षर संपदा सचमुच अक्षर संपदा ही है।

मैं कविवर शंकर द्विवेदी की काव्य-समीक्षा में स्वयं को समर्थ नहीं पा रहा, क्योंकि उस विद्वत् परंपरा का मुझमें अभाव ही अधिक परिलक्षित होता है। न ही मैं कोई सुयोग्य कवि, समालोचक अथवा शोधकर्ता हूँ और न ही इस संकलन में सद्य: प्रकाशित सभी कविताओं व गीतों तक मेरी व्याख्या मुखरित हो सकी है। मैंने तो—'जो सुनि परे सो शब्द है, समुझि परे सो अर्थ' की उक्ति का अनुकरण करते हुए सामर्थ्यानुसार अपनी समग्र-चेष्टा को एकत्रित कर; जो कुछ बन पड़ा, प्राक्कथन में लिख दिया। वैसे भी प्राक्कथन का एक निश्चित उद्देश्य होता है, साथ-ही-साथ अपनी सीमाएँ भी। प्राक्कथन का कर्मफल समालोचन-समीक्षा नहीं, अपितु पाठकों में प्रकाशित काव्य को पढ़ने की लालसा को उत्प्रेरित करना मात्र है, ताकि वे उसमें रसप्लावित हो काव्य-रसास्वादन कर सकें। समालोचना व समीक्षा का कार्य तो पाठकों, समालोचकों, समीक्षकों व शोधार्थियों का ही है। वैसे भी ये उक्ति, प्रबल चरितार्थ है—'जिसका काम उसी को साजे', अत: यह कर्म तो उन्हीं के निमित्त है। मेरी सभी से करबद्ध प्रार्थना है कि मेरी अल्पज्ञता को क्षमयस्य भाव प्रदत्त करते हुए त्रुटियों को सूचित करने की अनुकंपा करें। मैं इन त्रुटियों से अपने भविष्य-पथ को समुज्ज्वल करने का सुप्रयास अवश्य करूँगा।

अब मैं विराम लेता हूँ। जिनके हाथों में इस पुस्तक की प्रति उपलब्ध है, वे सभी मुझसे योग्य व ज्ञानवंत हैं। निश्चय ही पाठक तो काव्य-रस में डूब जाना चाहेगा, यही उसका ध्येय भी होता है। मुझसे उनका क्या प्रयोजन?''' वह तो कवि और उसकी कविता से सीधा संवाद व तादात्म्य स्थापित करना चाहेगा। वैसे भी जो काव्य-गांभीर्य इन रचनाओं में उपस्थित है, उसके रसास्वादन के लिए अवगाहन ही उपाय है—

समंदर को समझना है, तो उसकी तह में टहलाकर,
ये साहिल है, यहाँ तो मछलियाँ कपड़े बदलती हैं।।

—डॉ. बशीर 'बद्र'

चलते-चलते मेरे लिए यही आह्लाद पर्याप्त है कि लगभग 40 वर्ष पश्चात् ही सही, ये कविताएँ सूर्य के तेज-पुंज के साथ पुनः उदित हो रही हैं। महाकवि भास अपने नाट्य 'अविमारक' में लिखते हैं—'कः शक्तः सूर्य हस्तेनाच्छादयितुम्?' अर्थात् सूर्य को हाथ से भला कौन आच्छादित कर सकता है? कविश्रेष्ठ शंकर द्विवेदी के काव्य-प्रकाश का यह दिनमणि अपनी काव्य-रश्मियों के स्यंदन पर सवार हो, तमिस्र रौंदता हुआ उदित होने जा रहा है, उन्हीं के श्रीमुख से—

वक्ष पर समकोणवत, आ तो गई हैं बाँह—
एक पग उठकर जमे, है शेष इतनी देर।
चल पड़ा, तो यात्रा करके रहेगा पूर्ण—
सारथी पश्चिम दिशा तक, रौंदता अँधेर।।

—राहुल द्विवेदी
(आत्मज-स्व. शंकर द्विवेदी)
हिंदी प्रवक्ता,
दिल्ली पब्लिक स्कूल, विंध्यनगर
एन.टी.पी.सी., विंध्याचल,
जनपद-सिंगरौली (म.प्र.)।
ई-मेल पता : rahul1735mini@gmail.com
twitter : @rahul1735mini
insta : rd1735mini

आवास
विवेकानंद नगर, निकट कैलाश मंदिर,
एल. आई.सी. के पीछे,
अलीगढ़ मार्ग, हाथरस।
चलभाष-8077175090, 8791599128

आभार वंदन

विधेर्विलासानब्धेश्च तरंगान् को हि तर्कयेत्?

—कथासरित्सागर, सोमदेव भट्ट

अर्थात् विधि के विलास और समुद्र की तरंगों को कौन जान सकता है? जो कल तक नैराश्य के अंधकार से आच्छादित था, आज प्रभात का प्रकाशन उस नैराश्य-तमिस्र को रौंदकर अपनी भासमान आभा का परिचय दे रहा है।

इक्ष्वाकुवंशीय भगीरथ ने पितृ-ऋण से उऋण होने के कृत-संकल्प के साथ भागीरथी के धरावतरण का जो अनुकरणीय पथ निर्मित किया था, आज उसी पथ का अनुसरण हम भ्राताओं का प्रेरणापुंज बन गया। जिस प्रकार गंगा माँ स्वर्ग में विराजमान थीं, उसी भाँति यह काव्यरूपी साहित्य-गंगा भी पांडुलिपियों के स्वर्ग में विराजमान थी। भगीरथ के जप-तप-पुरुषार्थ से गंगा लोकावतरित हो जन-कल्याणार्थ प्रस्तुत हुई। शायद हमारा पुरुषार्थ भी इस साहित्य-गंगा को लोकार्पित कर जन-कल्याण का मार्ग प्रशस्त करे। इसी भावना से यह पुरुषार्थ फलीभूत हो, यही मनोकामना भी है व मंगल-कामना भी है।

किंतु इस कृति के प्रकाशन-पर्व पर उन अनेकानेक शुभचिंतकों का स्मरण व उनके प्रति हृदयाभार व कृतज्ञता प्रकट करना आवश्यक ही नहीं, अवश्यंभावी भी है, जिनकी नि:स्वार्थ मंगल-प्रेरणा व कर्मठता से यह असंभव सा दिखनेवाला कार्य संभवता को प्राप्त हो सका है। निश्चय ही ये मंगल-प्रेरणाएँ हमारी मार्गदर्शक भी हैं एवं भविष्यगामी लक्ष्य प्राप्ति के प्रति आशान्वित करनेवाला प्रेरणापुंज भी हैं।

सर्वप्रथम पूज्या माँ स्व. श्रीमती कृष्णा द्विवेदी का प्रथम स्मरण, जो इस

अभिलाषा को हृदस्थित किए हुए ही बैकुंठधाम की यात्रा पर निकल गईं कि पूज्य पिताश्री का समस्त काव्य प्रकाशित रूप में जन-जन तक उपलब्ध हो सके। आज उनकी आत्मा निश्चय ही तुष्ट व गौरवांवित होगी कि 40 वर्ष बाद ही सही, उनका यह स्वप्न आज साकार रूप धारण कर रहा है।

अपनी अर्द्धांगिनी स्व. चंचल द्विवेदी के प्रति भी कृतज्ञता-मुक्त नहीं रह पाऊँगा। जब तक जीवित रहीं, एक आवाज़ पर किसी भी कार्य को सुगमता से कर देने का जो धैर्य उनके अंदर विद्यमान था, शायद उसी धैर्य की ऊर्जा आज इस मनोरथ-सिद्धि का कारण बन सकी। निश्चय ही परिवार की दोनों दिवंगताओं के लिए इसका प्रकाशन मनोकामना पूर्ति का हर्ष प्रदान करेगा। वे जहाँ भी हों, पिताश्री के समस्त काव्य-प्रकाशन तक हमें इसी प्रकार अपनी ऊर्जा का संबल प्रदान करें, यही मेरी परम-पिता परमेश्वर से प्रार्थना है।

मैं अनुज तुल्य भ्राता विष्णु शर्मा, एक्जीक्यूटिव प्रोड्यूसर, डी.आई.टी.वी. मीडिया ग्रुप (इंडिया टी.वी., न्यूज एक्स) का हृदयतल से विशेष आभार व्यक्त करता हूँ। उनके विशिष्ट प्रयासों के निमित्त ही यह यात्रा आरंभ हो सकी और यथेष्ट गंतव्य की ओर अग्रसर भी हो रही है।

पिताश्री की सृजन-यात्रा के साथी रहे हिंदी जगत् के उन सभी उद्‌भट मनीषियों, नामचीन कवियों, साहित्यकारों, उनके परम शिष्यों व प्रशंसकों के प्रति भी हृदय से दंडवत् हूँ तथा सभी को अपना साष्टांग प्रणाम निवेदित करता हूँ, जिन्होंने अल्प से अनुनय-विनय पर अपनी अवस्था तथा स्वास्थ्य संबंधी परेशानियों को नजरअंदाज करते हुए इस काव्य-संकलन की सफलता की मंगलकामना करते हुए अपने आशीर्वचन प्रेषित किए।

आभार प्रकटीकरण के क्रम में अपने अनुज राहुल की अर्द्धांगिनी श्रीमती मीनाक्षी द्विवेदी, पूज्य पिताश्री की पौत्री व परिवार की लाड़ली कु. त्रयंबिका द्विवेदी एवं उनके पौत्र त्रय—चि. जीत द्विवेदी, चि. रजत द्विवेदी, चि. सुमेध द्विवेदी के प्रति अपनी कृतज्ञता प्रकट न करने की धृष्टता कर बैठूँ तो यह किसी अपराध से कम न होगा और इस अपराध के प्रत्यपकार में इन शरारतियों की शरारत-वृद्धि को मनोविपरीत भी स्वीकारना पड़ेगा। निश्चय ही परिवार के लिए प्रकाशन का यह क्षण किसी महापर्व में अनुष्ठित महायज्ञ के रूप में उदित हुआ है। मीनाक्षी सहित सभी बच्चों ने अपनी बालोचित शरारतों के अतिरिक्त इस महायज्ञ में सहायता रूपी अपेक्षित भविष्य के साथ विहँस आत्माहुतियाँ दीं और निर्देशित किए गए कार्यों को अविलंब दौड़-दौड़कर करने का जो पुरुषार्थ-

पराक्रम प्रदर्शित किया, वह अपने पूज्य दादाजी (मीनाक्षी के लिए उनके श्वसुर) के प्रति उनकी सत्यपूरित श्रद्धांजलि है।

मेरे मातुल श्री अखिलेश पांडेय, मेरे अभिन्न मित्र व ज्येष्ठ भ्रातावत् श्री शैलेंद्र प्रताप सिंह एवं अनुज सखा श्री सौरभ कुमार द्विवेदी आदि सभी कुटंब हितैषियों के प्रति भी विशिष्ट कृतज्ञता से अभिभूत हूँ, जिन्होंने इस महायज्ञ की पूर्णाहुति हेतु अपेक्षित उपयोगी कार्यों को लक्ष्य तक पहुँचाने में कदम-से-कदम मिलाकर सहयोग प्रदान किया।

अपने अग्रज तुल्य एवं पिताश्री के प्रिय शिष्य रहे गुरुग्राम निवासी—भाई शिवकुमार गौतम का भी मैं ऋणी हूँ, जिन्होंने मुक्त हृदय से इस महत्त्वपूर्ण कार्य में अपना अतुलनीय योगदान दिया व संप्रति भी अपनी सहयोगी लंबी भुजाओं को हमें नि:स्वार्थ भाव से उपलब्ध कराए हुए हैं। उनके अथक श्रम व सहयोग के संबल तले यह काव्य-संकलन पूर्णता की ओर अग्रसर होना संभव हो पाया है।

अंत में मैं अपने पैतृक ग्राम-जान्हेरा के अपने सभी पितृव्य, स्वजन-परिजन, संबंधियों, मित्रों व शुभचिंतकों का भी आभार व्यक्त करता हूँ, जिनकी संवेदनाओं, स्नेहवत् प्रेम व आशीर्वाद की छाँह तले इस काव्य-कृति का सम्यक् विकास सुनिश्चित हो सका। निश्चय ही उनकी शुभेच्छा व चिर-स्नेहाभिसिक्त संवेदनाएँ इस महायज्ञ की सफलता का ऊर्जस्वित पुंज हैं।

परम पिता परमेश्वर से यही कामना, यही अभिलाषा है कि यह काव्य-ग्रंथ विश्व-कल्याण की पावन-भावना का पथ प्रशस्त करे—

शिवमस्तुसर्वजगतः, परहितनिरताभवन्तुभूतगणाः ।
दोषाः प्रयांतु नाशं, सर्वत्र सुखी भवतु लोकः ॥

आवास

विवेकानंद नगर, निकट कैलाश मंदिर,
एल.आई.सी. के पीछे,
अलीगढ़ मार्ग, हाथरस (उ.प्र.)
दूरभाष : 9548699920

—आशीष द्विवेदी

(आत्मज-स्व. शंकर द्विवेदी)
गणित शिक्षक, गणित विभाग,
पी.बी.ए.एस. इंटर कॉलेज, हाथरस (उ.प्र.)
इ-मेल पता : ashishpbas@gmail.com
twitter : @ashish_pbas
insta : ashish.pbas

विद्वानों व साहित्यकारों की दृष्टि में स्व. शंकर द्विवेदी व उनके सृजन की पृष्ठभूमि

कविवर शंकर द्विवेदी और उनके सृजन की पृष्ठभूमि

कविवर श्री शंकर द्विवेदी मेरे साथी और दोस्त थे, उम्र में ही नहीं प्रतिभा, ज्ञान और जीवटता में भी वे मुझसे बड़े थे, इसलिए बड़े भाई की तरह प्यार भी करते थे। तिरस्कार भी कर देते थे। मैं उनका प्रशंसक था, पर ऐसे अवसर भी आए, जब मैंने उनकी आलोचना भी की। यह बात दूसरी है कि उन्होंने ऐसी आलोचना का अधिकार मुझे दे रखा था। फिर भी मैं सोचता हूँ कि उनके प्रति आग्रह मुक्त न रह सकूँ, इसलिए अपने को उनके सृजन की समीक्षा करने में असमर्थ समझ रहा हूँ। किंतु उनके सृजन की पृष्ठभूमि का साथी तो मैं हूँ ही।

सन् 1966 में मथुरा की एक कवि गोष्ठी में लोकधुनों में उनके मुख से ब्रजभाषा रचना सुनकर मुग्ध हो गया था। आज उनकी तीन डायरियाँ मेरे हाथों में हैं। ये कविता उनके कंठ में पहुँचकर कितनी मीठी बन जाती थीं, यह मैं कैसे बताऊँ ? उनके उसी स्वर ने तो मुझे भी सम्मोहित किया था।

सन् 1969 में जब मैं के.एल. जैन इंटर कॉलेज, सासनी में आया तो उनके निकट हो गया। उनका रौद्र रूप भी देखा, शिव रूप भी। उनके साथ रुदायन, इगलास, अलीगढ़ के मार्गों पर घूमता; चंपा बाग और किले की ओर जाता तथा समामई की पुलिया पर बैठकर वर्षा के बहते प्रवाह को देखता। मन की बातें करते, गप्पें हाँकते और घंटों बहस करते, इतनी बहस कि कभी-कभी श्रीमती द्विवेदी अनमनी हो जातीं। उनकी बातों में संतों की वाणी जैसी सरलता, उसकी माँ के लाल जैसी क्रांतिकारी

निश्छलता और काम की बातें होतीं। कूटनीति और राजनीति भी वे जानते थे।

द्विवेदीजी की ज़िंदगी 'एकसार' नहीं थी। उसमें गहरे-ऊँचे उतार-चढ़ाव थे। मैं क्यों कहूँ कि उनमें गुण ही गुण थे। वे फ़रिश्ता नहीं इंसान थे। उनमें गहरा अंतर्द्वंद्व था। परस्पर विरोधी धर्म उनमें सहचर बने थे।

जीविकोपार्जन के लिए वे कई संस्थाओं में जमे, उखड़े और फिर जमे। दोस्ती भी की और दुश्मनी भी की। बड़े निश्चिंत और बेपरवाह थे। एक बार उनके साथ कानपुर जाने का अवसर मिला, कन्या इंटर कॉलेज, सासनी (जनपद:-हाथरस) के लिए राष्ट्रकवि सोहन लाल द्विवेदी को बुलाकर लाना था। ट्रेन में सामयिक राजनीति की चर्चा चली तो ऐसे उलझे कि देखते-देखते विद्रोह का प्रचंड रूप बन गए। उन दिनों इमरजेंसी लगी थी और बुद्धिजीवियों की गिरफ्तारियाँ चल रही थीं, किंतु वे तो निश्चिंत और निर्भय होकर एक के बाद एक कविता बोल रहे थे।

इसका तात्पर्य यह नहीं कि वे निज की चिंता नहीं करते थे। ऐसी भी कई यादें हैं, जब वे गहरी चिंता में डूबे थे। उनमें व्यक्तिवाद था, किंतु सामाजिकता भी गहन थी। कैसा था वह मेरा दोस्त! वह जो भी कुछ करता था, लोक-चर्चा का विषय बन जाता था। जब वह रोया तब बहुत से लोग हँसे और जब वह हँसा, तब वे सभी लोग चकित हो गए। उसने प्यार किया तो किंवदंतियाँ बन गईं और संघर्ष किया, तब भी लोग जमा हो गए। वह जिंदा था, तब लोगों ने आवारा, क्रोधी और घमंडी कहा अब वह नहीं है तो लोग उसके स्वाभिमान, साहस, संकल्प और दृढ़ता को याद कर के रोते हैं।

वह खिलाड़ी था, तो गहरा विचारक भी था, कवि था, तो योद्धा भी था। जिनके लिए उसने संघर्ष किया, जिन्हें उसने प्यार किया, जिनको उसने चुनौती दी और जिनके लिए वह जिया, वे सब उसे याद कर रहे हैं, परंतु व़क्त आएगा और बातें पुरानी पड़ जाएँगी। किंतु उसने जो कविताएँ लिखी हैं, उनमें उनकी ज़िंदगी का स्पंदन है, द्वंद्व है और अक्षर संपदा सचमुच अक्षर संपदा ही है।

उन्होंने ज़िंदगी के जिस सत्य को देखा, उसे खुलकर गाया—

गाया तो फिर खुलकर गाया, ख़ामोश रहा, तब दर्द पिया।
विष पिया और चुपचाप रहे, जो मिला वही भोगा हमने-
हर बार चोट माथे पर थी, आँखों में थे टूटे सपने॥

श्री द्विवेदी में गहरा सौंदर्य-बोध था। लौहर्रा को जानेवाले मार्ग में ऊसरा

में खड़े थे। संध्या के समय लाल-पीले बादलों ने जो आकृतियाँ बना दीं, उनको देखकर बोले, "रंजन जी, इन आकृतियों को कैसे उपमित करोगे?"

इसके साथ ही नारी-सौंदर्य के प्रति उनकी चेतना का एक उदाहरण यों है—

इस ताल के किनारे, कचनार यों पुकारे,
आ पत्थरों की शैया, उपधान के सहारे।
तू लेट जा मैं तुझको, कुछ इस तरह दुलारूँ-
मन चंद्रमा को चूमे, आकाश को निहारे॥

प्यार की ज़िंदगी को गंगा की धारा से उन्होंने इस प्रकार जोड़ा—

हम भँवर के दुलारे हुए हैं प्रिये,
कुछ दिनों अब किनारे-किनारे चलें।
चल लहर से बहें और तट को छुएँ-
गोद गंगा की है, कोई चिंता नहीं-
डूबते ही शुभे! दोनों तर जाएँगे।

पर यह सौंदर्य और यह प्यार शायद उनकी ज़िंदगी का स्थायी भाव नहीं था। तभी तो ब्रजभाषा में वे गा रहे थे—

डँसी दुबिधा नैं मन की मौंज, चैन अजाने गाँव बस्यौ।
कहाँ ते गाऊँ राग-मल्हार, हिये में हाहाकार मच्यौ॥

यह दुविधा कौन सी थी, जिसने उनके मन की मौज को डँस लिया था। वे अनुरागी थे, पर बैरागी भी उतने गहरे थे। मैं बातचीत को उद्धृत नहीं कर रहा। यह उनके काव्य का अध्ययन स्वयं बताएगा। मैंने उनकी सभी रचनाएँ नहीं पढ़ीं। अपने मूड में जो कविताएँ वे सुना देते थे, वे सुनी हैं और आज कुछ डायरियाँ देख रहा हूँ। ये कविताएँ मुझे कविताओं से अधिक ज़िंदगी के क्षण-क्षण जैसी प्रतीत हो रही हैं।

द्विवेदीजी गाँव में जनमे थे। बरगद की छाया में खेले और पीपल की छाया में बैठकर कहानी सुनीं। वही परिवेश—

नित साँझ घिरे, लौटें गैया, बछरा रँभाय, पय-पान करैं।
कुलबधू जोरि कर दीप धरैं, तुलसी मैया खलिहान भरैं॥

गाँव की मानसिक संरचना-संतों की वाणी जैसी—

> जा दिन काल करैगौ फेरौ, कोई बस न चलैगौ तेरौ।
> रे प्रानी! मत कर गरब घनेरौ॥
> निखरै कंचन जैसी काया, चंदन-गंधी सीतल छाया,
> ऐसे मानसरोबर वारे, हंसा उड़ि, कहूँ अनत सिधारे,
> रे पंछी! दुनिया रैन-बसेरौ॥

राजनीतिक मतवाद में वे नहीं बँधे थे, किंतु सामयिक राजनीति के प्रति वे संवेदनशील थे। जहाँ इमरजेंसी के अत्याचारों का मार्मिक चित्र उनके काव्य में था, वहीं जनता-शासन में वे लिख रहे थे—

> बढ़ गए हैं इस क़दर, कुछ आपसी मतभेद-
> यात्रियों ने कर दिए तरणी-तलों में छेद।
> माँझियों के हाथ, अब पतवार से हटकर-
> बाँधने में व्यस्त हैं लंगोट कस-कसकर॥

वे ऐसी राजनीति देखकर चुप नहीं रह सकते थे, इसलिए कह रहे थे—

> ऐ मेरे देश की सरकार में शामिल!
> कोई से एक प्रसंगठित घटक-
> तू बाकी सारे घटकों को-
> जल्दी से जल्दी झटक।
> भले ही इसके लिए, तू चाहे जिसको उठा-
> और उठाकर पटक।
> मगर प्राइम-मिनिस्टर की-
> कुरसी को झटपट झटक॥

सत्ता के प्रति बूढ़े राजनीतिज्ञों का विचलन देखकर उन्होंने तीख़ा व्यंग्य किया—

> व्यर्थ हैं, फिर भी खड़े हैं अद्यतन तनकर-
> अंक-अक्षरहीन, बूढ़े मील के पत्थर॥

व्यवस्था के प्रति उनके मन में विद्रोह था, इसलिए वे सीधे-सीधे कह रहे थे—

फाइलों के ढेर में मूर्छित पड़ी है पीर।
सलवटों ने अक्षरों के वक्ष डाले चीर॥

इस विषमता को समाप्त करने के लिए उनको लगता था कि युद्ध ही क्षमतावान है—

युद्ध, केवल युद्ध क्षमतावान है-
शांति का दीपक जलाने के लिए।

श्री शंकर द्विवेदी ने कामायनी जैसा काव्य लिखने की कल्पना की थी। लेकिन यह 'प्रसाद' जैसी नहीं, 'शंकर' जैसी—

तब कोई जय 'शंकर' फिर से 'कामायनी' लिखेगा।
किंतु पात्र का चयन सिर्फ इतना सा भिन्न करेगा॥
'मनु' होगा मज़दूर, गरीबी 'श्रद्धा' बन जाएगी।
शासक पर शासित की घोर अश्रद्धा हो जाएगी॥

काश, वे यह कामायनी लिखने को जीवित रहते, परंतु समझौता करना वे नहीं जानते थे। जानते भी तो कर नहीं सकते थे। उनकी शिक्षा-दीक्षा आगरा में हुई और महानगरीय सभ्यता की औपचारिक शिष्टताओं में रच-बसकर भी उनकी ग्रामीण भावुक-अल्हड़ता और मानवतावादी चेतना इस माहौल में खप नहीं पाई, जिसमें आदमी की क़ीमत सिक्कों से भी कम हो—

कोई क़ीमत नहीं आदमी की जहाँ,
ऐसे माहौल में हम खपेंगे कहाँ?

सचमुच वे इस माहौल को छोड़कर चले गए दूर··· ज़िदगी के उस पार।

—प्रो. (डॉ.) राजेंद्र रंजन चतुर्वेदी

संप्रति : अतिथि प्रोफेसर

लोकवार्त्ता पाठ्यक्रम

इंदिरा गांधी राष्ट्रीय कला केंद्र, नई दिल्ली

(डॉ. राजेंद्र चतुर्वेदी का यह स्मृति लेख स्व. द्विवेदी के मरणोपरांत 'जनसत्ता' सहित के.एल. जैन इंटर कॉलेज, सासनी की वार्षिक पत्रिका 'आशा' में प्रकाशित हुआ था।)

संस्कारित भाषा का जनप्रिय कवि : शंकर द्विवेदी

स्मृति शेष प्रिय शंकर द्विवेदी अपने समय के ओज के लोकप्रिय मंचीय कवि माने जाते रहे थे। उनकी बहुमुखी प्रतिभा थी, जिसमें राष्ट्रभक्ति सर्वोपरि झलकती थी। उनकी एक बड़ी सशक्त लोकप्रिय कविता रही है—'इस तिरंगे को कभी झुकने न दोगे'। उनकी कविताएँ जितनी मर्मस्पर्शी होती थीं, उतनी प्रभावी उनकी मंचीय प्रस्तुति भी होती थी। भाषा पर उन्हें विशेषाधिकार था और भावानुसार नगीने की तरह जड़ा शब्द-चयन, उनकी भाषा के संस्कार में चार-चाँद लगाने का काम करता था। शंकर द्विवेदी के प्रकाशन हेतु प्रस्तावित संग्रह में संग्रहीत गीत 'तिरंगे को कभी झुकने न दोगे'—की पंक्तियाँ हैं—

> **सीमा पर धरती की रक्षा में कटिबद्ध सिपाहियों—**
> **हर मज़हब कुर्बान वतन पर, वतन तुम्हारे साथ है॥**

इन पंक्तियों का निहितार्थ यही है कि देश-रक्षार्थ हम सभी धर्म व जाति से ऊपर उठकर कुर्बानी को कटिबद्ध हैं। जिन्हें ईश्वर बहुत प्यार करता है, उसे जल्दी अपने पास बुला लेता है, शायद इसीलिए हम सबको समय से पूर्व उनको खो देने का दु:ख देखना पड़ा। मैं उनकी स्मृति को नमन करता हूँ तथा उनके आत्मजों व परिजन को इस काव्य संग्रह के प्रकाशन हेतु साधुवाद देता हूँ।

—उदय प्रताप सिंह

(मा. उदयप्रताप सिंह हिंदी काव्य मंच के सुविख्यात राष्ट्रीय कवि हैं। पूर्व में जनता दल तथा संप्रति समाजवादी पार्टी के सदस्य हैं। आप सुविख्यात समाजवादी नेता मा. मुलायम सिंह यादव के गुरु, राज्यसभा के मनोनीत सदस्य, मैनपुरी लोकसभा क्षेत्र से नवीं तथा दसवीं लोकसभा में सांसद, मैनपुरी (उ.प्र.) एवं राष्ट्रीय पिछड़ा आयोग के सदस्य भी रहे हैं। आप उत्तर प्रदेश हिंदी संस्थान के अध्यक्ष भी रहे हैं।)

सर्वतोन्मुखी कवि : शंकर द्विवेदी

कविवर शंकर द्विवेदी मेरे अध्यापन काल के आगरा कॉलेज, आगरा के अभिन्न मित्र व मेरे अनुज थे। वे एक अद्भुत रचनाकार थे। ब्रजभाषा पर उनका विशेषाधिकार था और खड़ी बोली पर तो था ही। उनके काव्य-अध्ययन से बोध होता है कि जिस प्रकार की तत्सम शैली का प्रभाव उनकी कविताओं में परिलक्षित है, उससे उन्हें संस्कृत भाषा का भी अच्छा ज्ञान था। शंकर द्विवेदी जैसा रचनाकार मेरी दृष्टि में तो होना संभव नहीं, क्योंकि वे सर्वतोन्मुखी प्रतिभा के धनी थे। वे ब्रजभाषा में भी लिखते थे, खड़ी बोली में भी लिखते थे और बड़े अधिकार के साथ लिखते थे। मैं उनके आत्मजों—चि. आशीष व चि. राहुल को साधुवाद देना चाहता हूँ कि वे 'तिरंगे को कभी झुकने न दोगे' देशभक्ति के पावन गीत नामक उनके काव्य-संकलन का प्रकाशन करवा रहे हैं। ईश्वर उनका प्रयास सफल करें, यही मेरी मंगल कामना है।

—**कविश्रेष्ठ सोम ठाकुर**

(*सरलमना, संवेदनशील व्यक्तित्व के धनी कविश्रेष्ठ सोम ठाकुर हिंदी व ब्रजभाषा के अंतरराष्ट्रीय ख्यातिलब्ध कवि हैं। भारत सरकार द्वारा आपको हिंदी के प्रसार हेतु कनाडा, मॉरीशस, अमेरिका सरीखे अनेक देशों में भेजा गया है। काका हाथरसी ट्रस्ट द्वारा प्रदत्त 'ब्रजभाषा पुरस्कार', शिवमंगल सिंह 'सुमन' पुरस्कार, 'भारतीय आत्मा पुरस्कार', 'महीयसी महादेवी वर्मा पुरस्कार', यशभारती सम्मान एवं दुष्यंत कुमार अलंकरण से सम्मानित सोमजी उत्तर प्रदेश हिंदी संस्थान के कार्यकारी अध्यक्ष तथा तत्कालीन उ.प्र. सरकार में राज्यमंत्री रहे हैं।*)

प्रलयंकारी 'शंकर' की हुंकृति

'माता भूमि: पुत्रोऽहम् पृथिव्या:' की जिस ज्योतिष्मती सूक्ति के साथ वैदिक मनीषा ने जननी-जन्मभूमि को प्रणाम निवेदित किया था, वही युग-युग से किसी श्यामनारायण, किसी दिनकर, किसी नज़रुल इस्लाम की कविता में राष्ट्रीयता की झंकृति भरती रही है और वही इस कालखंड

में कविवर शंकर द्विवेदी की प्रलंयकर ध्वनि बनकर अनुगुंजित हुई है—

यहाँ हर हृदय का स्वागत सदा होता हृदय से है
मगर ललकार का स्वागत सदा तलवार करती है,
तुम्हें कर तो क्षमा देते मगर बदला चुकाने को
हमारे देश की धरती हमें लाचार करती है।

यह कंठ स्वर उस भावतरल कवि का है, जिसने अपनी आँखों के सामने मूल्यमानों को खंडित होते देखा है, जो राष्ट्रीय चरित्र के क्रमिक क्षरण का साक्षी है और इसी कारण जिसकी वाणी-वंदना में भी नि:श्वास की निर्वाक् चीख समाहित है—

एक दिन थी गूँजती ध्वनि वेद-मंत्रों की जहाँ,
हाय, ये पन्ने फटे हैं रामचरितों के वहाँ।
मुक्त स्वर लहरे जननि! हृत्बीन को झनकार दे,
जयतु जय माँ शारदे! वर दे, विनत जन तार दे।

भाषा पर प्रगाढ़ अधिकार, भावों में उदात्तता का संभार और स्वर में राष्ट्रीयता का प्रेरणास्पद संचार द्विवेदीजी की अभिव्यक्तियों को एक अनूठी आभा प्रदान करता है। राष्ट्रीयता उनके अंतस् का सहज स्पंदन है, अत: राष्ट्र की सीमा के प्रहरियों को संबोधित करते समय उनका शब्द-शब्द श्रद्धा, आस्था और विश्वस्ति की त्रिवेणी का अवगाहन करता प्रतीत होता है—

मसि से नहीं रक्त से जिसका रचा गया इतिहास हो।
बहुत असंभव कण क्या, उसका अणु भी कभी उदास हो॥
जिस पर जनम धन्य होने को ललचाए अमरावती।
उषा-निशा-रवि-शशि के स्वर्णिम मंगल घट हों वारती॥
रक्षाबंधन जैसा मंगलमय त्योहार मने जहाँ,
कोई नहीं अकेला सबके साथ सभी का हाथ है।
सीमा पर धरती की रक्षा में कटिबद्ध सिपाहियो,
हर मजहब कुरबान वतन पर वतन तुम्हारे साथ है।

राष्ट्रकवि दिनकर को कभी 'परशुराम की प्रतीक्षा में' यह कहना पड़ा था कि देश का नेतृत्व शांति-चिंतन में व्यस्त है, कला कल्पना के नभ में विहार कर रही है और यज्ञाग्नि में समिधाएँ न पड़ने से पौरुष की ज्वाला मंद होती जा रही है। द्विवेदीजी की राष्ट्रवादी चिंतना भी शहादत की पीठ पर राजनीतिक समझौतों को धिक्कारते हुए

स्पष्ट उद्घोष करती है—

आग दहकी आग ही उपयुक्त है,
हिंस्र पशुओं को डराने के लिए।
युद्ध केवल युद्ध क्षमतावान है,
शांति का दीपक जलाने के लिए॥

कश्मीर के संदर्भ में लिखी गई द्विवेदीजी की कविता की अनेकानेक उक्तियाँ आज भी प्रासंगिक हैं और भारतीय मनस की परिचायक होने के कारण कल भी अर्थवंत रहेंगी—

निर्द्वंद्व शांति के गीत हमें गा लेने दो
मत करो कभी मजबूर कि भैरव में गाएँ।
क्या होगा हर कवि रूप धरे यदि 'भूषण' का?
फिर रासो रचने 'चंद' धरा पर आ जाएँ?
'अकबर' के लिए गीत श्रद्धा से लिख देंगे,
गा देंगे—यह विश्वास कभी मत कर लेना।
तुम चले अगर 'औरंगजेब' के चिह्नों पर
हर साँस 'शिवाजी' होगी सोच-समझ लेना॥

वे जब किसी सैनिक के लिए कुछ लिखते हैं अथवा किसी सैनिक की तरफ से कुछ लिखते हैं तो स्वयं वागीश्वरी वीणा को छोड़कर अग्नि-वीणा पर स्वर साध लेती है और आग का राग गुनगुनाने लगती है—

मर तो रहा, किंतु गौरव है
माँ के लिए मिटा मेरा तन,
रह-रहकर उसके दुलार की
सुधियाँ मन पर छा जाती हैं...

राष्ट्र-भाव का गौरव-ज्ञान, भारतीयता की भव्यता का सम्मान, युवा प्राणों में उत्सर्ग का उल्लास भरने का अनुष्ठान और सत्यम्-शिवम्-सुंदरम् के विधान के लिए संकल्प के शंखोच्चारण का संधान उनकी प्रतिभा का अवदान भी है, प्रावधान भी।

—डॉ. शिव ओम अंबर

(उ.प्र. सरकार के साहित्य-भूषण
सम्मान से अलंकृत वरिष्ठ कवि व शिक्षाविद्)

कविवर शंकर द्विवेदी हिंदी साहित्य व ब्रजभाषा के मूर्धन्य कवि एवं उच्च कोटि के विद्वान् थे। हिंदी काव्य मंचों पर अपनी ओजस्वी कविता एवं गीत-माधुर्य के कारण समकालीन कवियों में उन्हें विशिष्ट सम्मान प्राप्त था। उनके काव्य में देशप्रेम, राष्ट्र-बोध, गहन सामाजिक विमर्श आदि अविरल धारा की तरह प्रवाहित होते थे। इसमें कोई अतिशयोक्ति नहीं कि वे जनप्रिय कवि थे। देशभर के अनेक मंचों पर मैंने व स्व. द्विवेदी

ने साथ-साथ काव्य-पाठ किया। आज उनकी साहित्यिक धरोहर पुस्तकाकार होकर साहित्य-प्रेमियों के मध्य पहुँचने का सुयोग हुआ है। 'तिरंगे को कभी झुकने न दोगे'—शीर्षक के साथ यह काव्य-संग्रह स्व. शंकर द्विवेदी की साहित्य जगत् को अनुपम व अप्रतिम भेंट है। मेरा अटल विश्वास है कि यह संग्रह न केवल काव्य-मनीषियों व साहित्य-प्रेमियों के संग्रह-कोष में श्रीवृद्धि करेगा, अपितु नवोदित कवियों का प्रेरणास्रोत व मार्गदर्शक भी सिद्ध होगा। मैं उनके साहित्य प्रकाशन से जुड़े इस पावन कृत्य को नमन करता हूँ एवं इसकी सफलता हेतु इस कार्य में संलग्न सभी शुभचिंतकों को अपनी हार्दिक मंगलकामनाएँ प्रेषित करता हूँ। शुभमस्तु!

—**पद्मश्री सुरेंद्र शर्मा**
सिविल लाइंस, नई दिल्ली

(पद्मश्री से सम्मानित सुरेंद्र शर्मा, हास्य-व्यंग्य विधा के अंतरराष्ट्रीय ख्याति प्राप्त कवि हैं। पद्मश्री के अलावा आप 'काका हाथरसी हास्य सम्मान' एवं मुंबई की सुविख्यात संस्था 'साहित्य सृजन' द्वारा 'राष्ट्रीय मनहर ठहाका सम्मान' से भी सम्मानित किए जा चुके हैं। श्रीयुत सुरेंद्र शर्मा हिंदी अकादमी, दिल्ली सरकार के उपाध्यक्ष, हरियाणा साहित्य अकादमी के उपाध्यक्ष तथा केंद्रीय फिल्म प्रमाणन बोर्ड के सदस्य भी रह चुके हैं।)

तिरंगे को कभी झुकने न दोगे

राष्ट्र-बोध के अमर गायक थे कविवर शंकर द्विवेदी

हिंदी खड़ी बोली एवं ब्रजभाषा के कविश्रेष्ठ स्व. शंकर द्विवेदी मेरे परमप्रिय मित्र व साहित्य-पथ के साथी भी थे। कोसीकलाँ, मथुरा उनकी कर्मस्थली रही है। मेरी स्मृतियाँ उनके साथ तब से जुड़ी हैं, जब 29 जनवरी, 1967 में आकाशवाणी, मथुरा-वृंदावन केंद्र के लोकार्पण के साथ ही ब्रजभाषा के माधुर्य में डूबे अनेक कार्यक्रमों का प्रसारण भी आकाशवाणी से आरंभ हुआ।

स्व. शंकर द्विवेदी, आकाशवाणी के वरिष्ठ उद्घोषक दिवंगत राधाबिहारी गोस्वामीजी, डॉ. श्रीकृष्ण 'शरद', डॉ. रामनरेश पांडेय, त्रिभुवन शर्मा, यतींद्र चतुर्वेदी सहित हम कई कलाकार व साहित्यकार उन दिनों आकाशवाणी पर 'ब्रज-माधुरी' तथा 'काव्य-सुधा' जैसे प्रसिद्ध कार्यक्रमों में शिरकत करने तथा उनके प्रसारण हेतु जाया करते थे। आकाशवाणी पर कार्यक्रमों की रिकॉर्डिंग न हो सकने की व्यवस्था के कारण उन दिनों सीधा प्रसारण ही किया जाता था, अत: परस्पर मेल-मिलाप के अवसरों की भी बहुतायत रहती थी। ऐसे अनगिनत कार्यक्रमों में मेरा व उनका सान्निध्य रहा। अपने स्वच्छंद, अल्हड़ व्यवहार के कारण स्व. शंकर द्विवेदी हम सभी के अतिप्रिय थे।

ब्रज की लोकधुनों के रस में डूबी उनकी काव्य-प्रस्तुतियाँ, उनके कंठ का माधुर्य, भाषा व साहित्य का श्रेष्ठ सौष्ठव बरबस ही श्रोताओं को अपने मोहपाश में जकड़ लेने की सामर्थ्य रखता था। अखिल भारतीय कवि-सम्मेलनों में अपने विरह सिक्त श्रृंगारिक गीतों, राष्ट्र-बोध की वीर-रसयुक्त काव्यपाठ की विशिष्ट ओजस्वी शैली, कविताओं में नगीने की तरह जड़ी हुई उनकी शब्द-साधना और मधुरता में आप्लावित उनकी कंठ-साधना जैसी अप्रतिम ख़ूबियाँ समकालीन कवियों में उन्हें एक विशिष्ट स्थान व सम्मान प्रदान करती थीं। राष्ट्रीय चेतना के स्वरों के तो वे अमर गायक थे।

उनके काव्य-प्रकाशन का समाचार सुनकर मैं अत्यंत आह्लादित हूँ। शंकर द्विवेदी का शीघ्र प्रकाशित काव्य-संकलन 'तिरंगे को कभी झुकने न दोगे' निश्चय ही साहित्य की अमूल्य निधि बनेगा, इसमें तो कोई अतिशयोक्ति ही नहीं, अपितु यह नवोदित कवियों का प्रेरणा-पथ भी बनेगा, ऐसा मेरा पूर्ण विश्वास है। मैं अपने भतीजों चि. राहुल व चि. आशीष दोनों को अपनी मंगलकामनाएँ प्रेषित करता हूँ, जिन्होंने उनके काव्य प्रकाशन के संकल्प को पूरा करने का महाव्रत लिया है

और इस उद्‌देश्य पूर्ति हेतु दोनों अथक श्रमसाध्य चेष्टा कर रहे हैं। मेरी अनंत हार्दिक शुभकामनाएँ।

—पद्‌मश्री मोहन स्वरूप भाटिया

(पद्‌मश्री मोहनस्वरूप भाटिया उत्तर प्रदेश हिंदी संस्थान द्वारा 'लोकभूषण' एवं हिंदी साहित्य सम्मेलन द्वारा 'साहित्य महोपाध्याय' सम्मान से सम्मानित हैं। आप उत्तर प्रदेश संगीत नाटक अकादमी, लखनऊ के पूर्व उपाध्यक्ष, संप्रति स्वास्तिक रंगमंडल, मथुरा एवं उत्तर प्रदेश विद्यालय प्रबंधक महासमिति के अध्यक्ष भी हैं।)

मेरे लिए बहुत ही श्रद्धा के योग्य पूज्य शंकर द्विवेदीजी के अप्रकाशित साहित्य के प्रकाशन का विचार एवं उन विचारों, उन कल्पनाओं को मूर्त रूप देने का प्रयास बहुत ही सराहनीय एवं स्वागतयोग्य है। कविवर पूज्य द्विवेदीजी या उनका साहित्य किसी समय विषेष की सीमाओं में बँधकर नहीं रह सकता। उनका साहित्य तो फूल की उस सुगंध के समान है, जो किसी भी प्रकार की भौतिक, आधिकारिक सत्ता के प्रभाव को या किन्हीं भौगौलिक सीमाओं का नहीं मानता।

मेरा उनके लेखन से थोड़ा-बहुत परिचय तो रहा है, परंतु उनके परिजन व प्रिय सुमनेश 'सुमन' द्वारा जब उनकी प्रकाशनार्थ पुस्तक 'तिरंगे को कभी झुकने न दोगे' की कुछ रचनाओं को उपलब्ध कराया गया तो उन्हें पढ़कर मेरा मन उनके प्रति और अधिक श्रद्धा से भर गया। मेरा स्वयं के विषय में सदैव यह मानना रहा है कि मैं कोई साहित्यकार या कोई साहित्य-मर्मज्ञ नही हूँ, परंतु मैं पाठक व श्रोता बहुत अच्छा हूँ। मैं कभी किसी साहित्यकार की किसी भी कृति पर लिखने या उसके विषय में कोई समीक्षागत टिप्पणी करने से सदैव बचता हूँ तथा मैं ऐसा सोचता भी हूँ कि मैं साहित्य के विषय में उसकी समीक्षा के लिए टिप्पणी करने का उचित अधिकारी नहीं हूँ।

मुझे अच्छा लगता है, जब कोई कवि अपनी रचनाओं में देश व समाज की बात करता है। मैंने उनकी पांडुलिपि से जो कविताएँ या छंद पढ़े हैं, मैं उनके आधार

पर ही कह रहा हूँ कि न केवल ये प्रकाशन योग्य हैं, वरन् ऐसे साहित्य को तो साहित्य जगत् में सबके सम्मुख आना ही चाहिए।

पूज्य द्विवेदीजी अल्प अवस्था में ही हम सब को छोड़कर चले गए, परंतु उस अल्पकाल में भी रचा गया उनका विपुल तथा प्रेरक साहित्य आनेवाले समय में न केवल उनका स्मरण कराता रहेगा, वरन् हम सब के लिये एक प्रकाश-स्तंभ का कार्य भी करता रहेगा।

मैं पुस्तक प्रकाशन हेतु अपनी समस्त शुभकामनाएँ प्रेषित करता हूँ तथा बड़ा होने के नाते उनके जो परिजन या सहयोगी इस पुनीत कार्य में लगे हैं, उन्हें अपना बहुत-बहुत आशीर्वाद भी देता हूँ। समस्त शुभकामनाओं के साथ।

—प्रो. (डॉ.) हरिओम पँवार
मेरठ

(हिंदी ओज काव्य के सशक्त हस्ताक्षर डॉ. हरिओम पँवार विश्वविख्यात कवि हैं तथा चौ. चरण सिंह वि.वि., मेरठ (उ.प्र.) में विधि संकाय में प्राध्यापक रहे हैं। उन्हें 'निराला सम्मान', भारतीय साहित्य संगम पुरस्कार, रश्मि पुरस्कार, 'आवाज़-ए-हिंदुस्तान' आदि सम्मान भी मिले हैं।)

नवोदित कवियों के लिए वरदान से कम नहीं शंकर द्विवेदी का सृजन

उत्तर प्रदेश के अलीगढ़ में जनमे श्री शंकर द्विवेदीजी की गिनती देश के उन श्रेष्ठतम गीतकारों व साहित्य मनीषियों में होती रही है, जो निरंतर श्रेष्ठ साहित्य रचते रहे हैं, परंतु कालगति ने उनके लेखन को असमय ही विराम दे दिया। मात्र 40 बरस की उम्र में आपने अपने लेखन को जो स्तर दिया एवं जो गरिमा प्रदान की, वह माँ वाणी का आशीष ही आपके ऊपर रहा। शंकर द्विवेदीजी, यद्यपि बहुत कम  उम्र जिए, परंतु अपने अल्प समय में ही जो अपार एवं अप्रतिम उपलब्धियाँ आपने हासिल कीं, वो विरलों को ही मिल पाती हैं। हम इस पीढ़ी के लोग उनसे अधिक नहीं मिल-जुल सके, परंतु उनका कालजयी साहित्य सदैव ही उनकी जीवंतता को बनाए

रखेगा, ऐसा तो मुझे निश्चित विश्वास है ही। मेरा सौभाग्य ही है कि भाई श्री शिवकुमार गौतमजी के सौजन्य से मैं निरंतर उनके विषय में जानता रहा हूँ।

राष्ट्रीय विचारधारा के वरिष्ठ कवि/साहित्यकार पूज्य राम प्रकाश 'राकेश' (मूल निवासी–अलीगढ़, उ.प्र.), जिन्होंने दौराला तथा मेरठ को ही अपना कार्यक्षेत्र बनाया, के सौजन्य से अनेक बार डॉ. महावीर द्विवेदी (शंकर द्विवेदीजी के अनुज) के संपर्क में बना रहा। आज मुझे अतीव सौभाग्यशाली एवं गौरवान्वित होने का आभास हुआ, जब श्री शिवकुमार गौतमजी के सौजन्य से पूज्य शंकर द्विवेदीजी के प्रकाशित होने जा रहे काव्य–संग्रह की पांडुलिपि पढ़ने का सुयोग मिला। मैंने उनकी कविताएँ, गीत व छंद पढ़े, तो पढ़ता ही चला गया। आज की इस पीढ़ी के लिए उनका लेखन किसी वरदान से कम नहीं तथा उसका अब प्रकाशित होना हम सभी के लिए न सिर्फ हमें गौरवान्वित करनेवाला कार्य है, वरन् यह आनेवाले समय में मुझ सरीखे कविता के अनेकानेक विद्यार्थियों के लिए कुछ विशेष मानदंड स्थापित करने में सहायक सिद्ध होगा तथा हमारा मार्ग भी प्रशस्त करेगा, इसका मुझे पूर्ण विश्वास है।

यदि कवि के साहित्य के विषय में कुछ भी लिखा जाए तो प्रथम तो मैं स्वयं को इस योग्य समझता ही नहीं हूँ, परंतु फिर भी यह समय की आवश्यकता है, ऐसा मानकर कुछ लिखने का प्रयास व साहस करता हूँ। कवि ने अपने संग्रह के शुभारंभ में माँ वाणी की वंदना से ही अपने लेखन का लक्ष्य भी निर्धारित कर दिया है। माँ की आराधना के स्वरों से ही कवि के लेखन में उसका राष्ट्रप्रेम दृष्टिगोचर होने लगता है। कवि ने अपनी इष्ट माँ शारदा से सबकुछ देश, समाज व मानवता के हित में ही अनुनय–विनय व प्रार्थना की है। उनका मानव के साथ–साथ इस स्रष्टि में पशु–पक्षियों के प्रति प्रेम भी उल्लेखनीय है—

पंछियों को मुक्त विचरण की रही सुविधा नहीं।
भीत हैं, टूटे न उनके पंख टकराकर कहीं॥

मेरा मन तो उनकी इस श्रेष्ठ वंदना से ही द्रवित हो गया है। प्रणाम! संग्रह का प्रथम गीत 'वतन तुम्हारे साथ है' भी देश को समर्पित एक शुद्ध राष्ट्रीय भावनाओं से ओत–प्रोत रचना है—कुछ पंक्तियाँ दृष्टव्य हैं, जो पूरे भारत को जोड़ने का सफल प्रयास करती हैं—

माथा दुखे अगर पूरब का, अँखियाँ भरे पछाँह की,
बाट जोहता रहता सागर, हिमगिरि के प्रस्ताव की।
प्राणाधिक प्रिय हमें रही है माटी अपने देश की,
अनुमति लेनी होगी, आँधी को भी, यहाँ प्रवेश की॥

प्रत्येक काव्य छंद में देशभक्ति की भावना तथा देश के गौरव के प्रति समर्पण-भाव उनके लेखन में हर जगह विद्यमान है, यथा—

आग, केवल आग, थोड़ी या बहुत, चाहिए तन को तपाने के लिए।
युद्ध, केवल युद्ध है संजीवनी, राष्ट्र का गौरव बचाने के लिए।।

कवि का स्पष्ट मानना है कि यदि राष्ट्र की अस्मिता पर आँच आए तो युद्ध भी आवश्यक है। कवि द्वारा रचित 'काश्मीर के लिए न शमशीरें तानो' कविता में उसके छंद बहुत प्रभावषाली सोच लिये हैं तथा कवि की मन:स्थिति, उसके उद्वेलन के साथ-साथ उसके धैर्य की पराकाष्ठा को भी दर्शाते हैं। कविता में कवि के द्वारा सख़्त संदेश के साथ चेतावनी भी है, तो बहुत ही कारुणिक भाव से सलाह भी है। तिरंगे को समर्पित अपनी शीर्षक रचना में कवि के भावों का प्रकटीकरण—

स्नेह आजीवन तुम्हें देती रहे यह,
भूमि जिस पर तुम गुलाबों से खिलोगे।
दे सको तो दो मुझे इतना वचन,
तुम इस तिरंगे को कभी झुकने न दोगे।।

एक श्रेष्ठ काव्य-संग्रह, जिसमें देश भी है तथा समाज भी, जिसमें परिवार भी है तथा इसी से मानवता का हित-चिंतन भी। मैं इस पुस्तक के लिए न केवल अपनी शुभकामनाएँ प्रेषित करता हूँ, वरन् इसके प्रकाशन हेतु इस पुनीत 'श्रेष्ठ यज्ञ' में आगे आए अपने भाई सदृश श्री राहुल व आशीष को भी अपनी ओर से बहुत-बहुत शुभकामनाएँ प्रेषित करता हूँ, जिन्होंने विस्मृत होते जा रहे इस संग्रह को समाज व साहित्य जगत् के सम्मुख लाकर एक श्रेष्ठ कार्य को प्रतिपादित कर हमारे साहित्यिक जगत् पर एक बड़ा उपकार किया है।

अपने कुल के बड़े, अपने अग्रज कवि पूज्य शंकर द्विवेदी की स्मृति को मैं कोटि-कोटि नमन करता हूँ, जो आज स्थूल रूप में हम सब के मध्य तो नहीं हैं, परंतु उनका कालजयी साहित्य निश्चित रूप से हम सब के लिए, आनेवाली पीढ़ी/पीढ़ियों के लिए एक प्रकाश स्तंभ की भूमिका निभाता रहेगा। पुस्तक को निश्चित ही यश प्राप्त होगा। इन्हीं शुभकामनाओं के साथ—

—सुमनेश शर्मा 'सुमन'
आत्मज-महाकवि पं. ताराचंद्र हारीत, सिवाया
51, ग्रेटर अप्पू एन्क्लेव, मोदीपुरम्, मेरठ।
संपर्क : 9997091719

कम आयु में ही जब मुझे कविता से लगाव हुआ और मैं थोड़ा-बहुत लिखने लगी, तब मेरी माँ कहती थीं कि उनके रिश्ते में भतीजे शंकर द्विवेदी बहुत बड़े कवि हैं। अलीगढ़ के पास जान्हेरा नामक गाँव में हमारी ननिहाल है। बाद में जब थोड़ा बहुत मंचों पर जाने लगी, तब वरिष्ठ कवियों से उनके विषय में काफी कुछ  जानने को मिला। दुर्भाग्य से उनसे कभी मेरी भेंट नहीं हो सकी, क्योंकि 40 वर्ष की अल्पायु में ही एक सड़क दुर्घटना में वे नहीं रहे। उस समय तक मैं भिलाई नगर में अपनी स्नातक प्रथम वर्ष की पढ़ाई कर रही थी। बाद में जब मैं मंचों पर काव्य-पाठ हेतु जाने लगी, तब साथी वरिष्ठ कवियों से उनके विषय में बात करने पर जो प्रशंसा सुनने को मिली, वह मेरे लिए गर्व का कारण रही। वे एक स्वत: स्फूर्त श्रेष्ठ मौलिक कवि थे, जिनकी कविताओं का जादू श्रोताओं के सिर पर चढ़कर बोलता था। अपने समय में उन्होंने देश भर के श्रेष्ठ मंचों सहित लाल किले के अति प्रतिष्ठित मंच पर भी अनेक बार काव्य-पाठ किया।

कुछ वर्ष पूर्व एन.टी.पी.सी., शक्ति नगर के एक कवि सम्मेलन में उनके पुत्र श्री राहुल द्विवेदी से सुखद भेंट हुई और उन्होंने जानकारी दी कि श्रेष्ठ कवि स्वर्गीय शंकर द्विवेदीजी की कविताओं के समग्र संकलन को प्रकाशित कराने की योजना पर काम चल रहा है। मैं इस अवसर पर अपने अग्रज शंकर द्विवेदीजी की पुण्य स्मृतियों को प्रणाम करते हुए प्रिय राहुल व आशीष और उनकी पूरी टीम को साधुवाद देना चाहती हूँ, जिन्होंने इस महत्त्वपूर्ण कार्य को करने का बीड़ा उठाया है।

—**डॉ. सरिता शर्मा**
'हरसिंगार', एक्स–802,
आम्रपाली सफायर, सेक्टर–45,
नोएडा–201301

(डॉ. सरिता शर्मा, हिंदी काव्य मंचों की विश्व-विख्यात गीतकार व कवयित्री हैं। आप संस्कृति विभाग, उत्तर प्रदेश सरकार की निवर्तमान सलाहकार तथा भारतेंदु नाट्य अकादमी, लखनऊ की निवर्तमान अध्यक्षा भी रही हैं।)

तिरंगे को कभी झुकने न दोगे

अभी कुछ ही दिनों पूर्व फेसबुक पर एक नए मित्रता अनुरोध को देखकर बड़ी उत्सुकता का भाव जाग्रत् हुआ। सामान्यतया अत्यधिक मित्रता अनुरोधों के कारण पूरा परिचय ज्ञात होने के पश्चात् ही मैं लोगों को अपनी मित्र सूची में स्थान दे पाता हूँ, किंतु अनुरोध में राहुल द्विवेदी नाम देखकर मुझे कौतूहल जगा कि हो न हो, यह अनुरोध मेरे परमादरणीय अग्रज स्व. शंकर  द्विवेदी के पुत्र का है। विस्तृत परिचय देखते ही मैंने अनुरोध स्वीकार कर लिया एवं तुरंत अपना मोबाइल संपर्क भेजकर बात करने का आदेश दिया। राहुल का फोन आते ही मेरी प्रसन्नता का कोई ठिकाना नहीं रहा। लंबे अंतराल के पश्चात् उससे बात कर जो हर्षानुभूति हुई ,वह वर्णनातीत है। स्व. शंकर द्विवेदी न केवल हिंदी व ब्रजभाषा साहित्य के राष्ट्रीय ख्यातिप्राप्त कवि थे, अपितु एक श्रेष्ठ शिक्षाविद् भी थे। उनके अनुज सुकवि डॉ. महावीर द्विवेदी भी मेरे अभिन्न परिचितों व अग्रजों में थे। चि. राहुल से वार्त्ता करते हुए आदरणीय स्व. द्विवेदी के साथ बिताए पल-प्रतिपल सहसा स्मृति-पटल पर उभरने लगे। उनके साथ विविध मंचों पर काव्य-पाठ के पल चलचित्र की रील के समान घूम गए। आज उनकी काव्य-पुस्तक 'तिरंगे को कभी झुकने न दोगे' के प्रकाशन की खबर सुनकर जो आनंद का असीम अनुभव हो रहा है, उसे शब्दों में कैसे वर्णित करूँ? किंतु मेरा अटल विश्वास है कि उनकी कविताएँ आज भी नवोदित कवियों की प्रेरणा का प्रमुख स्रोत बनेंगी। मैं उनके इस संग्रह हेतु अपनी शुभेच्छा एवं हार्दिक शुभकामनाएँ प्रेषित करता हूँ, साथ ही आशा करता हूँ कि यह कविता-संग्रह काव्यप्रेमी जगत् में विशिष्ट सम्मान प्राप्त करने में अवश्यंभावी सफल होगा।

—प्रो. ओमपाल सिंह 'निडर'

सुविख्यात ओज व वीर-रस कवि

(मा. प्रो. ओमपाल सिंह 'निडर' 11वीं लोकसभा में जनपद-एटा के जलेसर लोकसभा क्षेत्र से सन् 1996 में सांसद रहे हैं। आपको अपनी ओजस्वी कविता के कारण अखिल भारतीय स्तर पर विशिष्ट सम्मान प्राप्त है।)

विश्व हिंदी समिति, न्यूयॉर्क के आमंत्रण पर कवि-सम्मेलन हेतु न्यूयॉर्क में था कि व्हाट्सएप पर चि. राहुल के प्राप्त संदेश से ज्ञात हुआ कि मेरे श्रद्धेय व अज़ीज़ कवि स्व. शंकर द्विवेदीजी का काव्य-संग्रह 'तिरंगे को कभी झुकने न दोगे', शीघ्र ही प्रभात प्रकाशन, नई दिल्ली से प्रकाशित होने जा रहा है। उनके काव्य प्रकाशन का समाचार सुनकर हृदय प्रसन्नता से भर उठा। ये मेरा

सौभाग्य रहा है कि इस मूर्धन्य कवि के प्रथम प्रकाशित गीत-संग्रह 'अंततः' का प्रकाशन मेरे संपादकत्व में संकल्प प्रकाशन, आगरा के सौजन्य से हुआ था। मैं इस सहृदयी व सच्चे कवि के व्यक्तिगत सान्निध्य में भी रहा हूँ। वे एक कवि के रूप में इतने श्रेष्ठ रहे हैं कि कुछ शब्दों में उनके व्यक्तित्व को बाँध सकना संभव नहीं है। मैं उनके प्रकाशित होनेवाले काव्य-संग्रह हेतु अपनी हार्दिक मंगलकामनाएँ प्रेषित कर रहा हूँ तथा इस पुनीत कार्य की सूचना मुझे उपलब्ध कराने हेतु चि. आशीष व चि. राहुल दोनों को आशीर्वाद व ढेर सा प्यार।

—हरेश चतुर्वेदी, आगरा (उ.प्र.)

(सुविख्यात हास्य-व्यंग्य कवि)

राष्ट्र-वेदना का दस्तावेज़ है शंकर द्विवेदी की कविताएँ

जिस प्रकार मनुष्य का शरीर मरता है आत्मा नहीं, वह तो अजर-अमर रहती है, उसी प्रकार शब्द भी कभी मरता नहीं, अजर-अमर रहता है। इसीलिए शब्द को विद्वान् साहित्यकारों ने ब्रह्म की संज्ञा दी है और शब्दकार को ब्रह्मा की। कोई भी लेखन यदि राष्ट्रीय हित में है और जनकल्याणकारी है, तो वह कालजयी माना जाता है। ऐसे ही एक कवि, जिनका जन्म पराधीन

भारत में 1941 में अलीगढ़ जनपद के एक गाँव बारौली में हुआ। उनका सृजन प्रकाश में आया है, जो उनके दोनों सुपुत्र आशीष व राहुल और उनके परम शिष्य श्री शिवकुमार गौतम के अथक प्रयास, निष्ठा और लगन का सुपरिणाम है। देर-सवेर प्रतिभा का आकलन होता ही है और इस शृंखला में जब हिंदी

काव्य के विद्वानों द्वारा उनके काव्य का मूल्यांकन किया जाएगा तो निश्चित ही वह राष्ट्रीय कवि की उच्च श्रेणी में पदस्थ होंगे। वैसे भी रचनाकार को सामान्यत: स्वर्गीय नहीं लिखा जाता, क्योंकि यह माना जाता है कि वह अपने शब्दों के माध्यम से आज भी इस संसार में जीवित है और अपना संदेश लोगों तक पहुँचा रहा है। इसीलिए कबीरदासजी के दोहों का संदर्भ लेते हुए भी यह कहा जाता है कि 'कबीरदासजी कहते हैं कि' 'यह कभी नहीं कहा जाता कि कबीरदासजी कहते थे'''। शंकर द्विवेदीजी की रचनाओं में राष्ट्र के प्रति समर्पण, वेदना और छटपटाहट स्पष्ट दिखाई देती है। उन्होंने अपने शब्दों में जिस भाषा और शैली का प्रयोग किया है, वह आजकल बहुत कम देखने को मिलती है। परिमार्जित भाषा और शैली उनके काव्य को विशिष्टता प्रदान करती है और उन्हें कवि मैथिलीशरण गुप्त तथा राष्ट्रकवि रामधारी सिंह 'दिनकर' की श्रेणी में ला खड़ा करती है। यह स्वाभाविक है कि जिस समय कवि का जन्म हुआ, देश विषम परिस्थितियों से गुज़र रहा था; किंतु जब कवि युवा था तो राष्ट्र के समक्ष भारत-पाक-चीन युद्ध और आतंकवाद जैसी अनेक विपदाओं से माँ भारती का सीना घिरा था। उसका आँचल तार-तार हो रहा था, जिसकी वेदना शंकर द्विवेदीजी की रचनाओं में सुनाई देती है। आज उनका मूल्यांकन करते हुए हमें गर्व महसूस होता है। किसी कवि ने ठीक ही कहा है—

व्यक्ति साधारण कभी चर्चित नहीं होता,
सुगमता से ज्ञान भी संचित नहीं होता।
जो निभाता है सदा कर्तव्य को अपने—
व्यक्ति वह अधिकार से वंचित नहीं होता॥

देश की सीमाओं पर लड़ रहे अमर शहीदों और रणबाँकुरों को संबोधित करते हुए उनका सद्य: प्रकाशित काव्य-संग्रह—'तिरंगे को कभी झुकने न दोगे' इन्हीं राष्ट्रीय भावनाओं की अभिव्यक्ति है। उनका लेखन राष्ट्रप्रेम के ज्वार और मानवीय संवेदनाओ का अद्‌भुत संगम है, जिसमें उन्होंने प्रारंभ से ही भारतीय संस्कृति, उसके ओज और उसकी वीरता के इतिहास का वर्णन करते हुए सरस्वती वंदना से अपने काव्य का शुभारंभ किया है। उनके द्वारा सरस्वती वंदना की निम्न पंक्तियाँ ही उनकी संपूर्ण काव्य-यात्रा के उद्‌देश्य को स्पष्ट कर देती हैं, जिनमें जन-जन के प्रति कल्याण की भावना स्वत: ही परिलक्षित हुई है—

शब्द को दे, अर्थ की संगति मधुर लय में पगी।
और स्वर में वेदना हो दीन-दुखियों की जगी॥
आभार! शंकर को सदा, भव-भावना का भार दे।
जयतु जय माँ शारदे! वर दे, विनत जन तार दे॥

उनकी रचनाओं में जहाँ एक ओर वीर रस अपने उदात्त भाव में प्रकट हुआ है, वहीं संयोग-वियोग की रचनाएँ भी बहुत प्रसिद्ध हुई हैं। उनकी सभी रचनाओं में गीत-माधुर्य और शब्द-व्यंजना का अद्भुत सम्मिश्रण है। उनके पिता ब्रिटिश-भारत सेना में थे, इसलिए राष्ट्र के प्रति अनन्य अनुराग उनके हृदय में बचपन से ही था। इसीलिए उनकी कविता, गीत, गीतिका, मुक्तक और समीक्षाएँ आदि अत्यंत लोकप्रिय हुईं, जिनके मूल स्वर में राष्ट्रवाद और प्रगतिशील लेखन है। अभी तक प्राप्त उनके छह गद्य-पद्य संग्रह हैं, जो अप्रकाशित हैं, इनमें से 'तिरंगे को कभी झुकने न दोगे' संग्रह का प्रकाशन निश्चय ही स्तुत्य प्रयास है। यह निश्चय ही उनके समूचे कृतित्व के प्रकाशन का मार्ग प्रशस्त करेगा, जो निस्संदेह साहित्य जगत् की अमूल्य धरोहर बनेंगे।

'तिरंगे को कभी झुकने न दोगे'—के माध्यम से उन्होंने अपने हृदय की आग को शब्दों के जल से शांत करने का प्रयास किया है। शब्दों का अद्भुत संयोजन उनकी विशेषता है, जो पाठक को प्रारंभ से अंत तक रचनाएँ पढ़ने को विवश करती है। एक उदाहरण देखें—

आग केवल आग, थोड़ी या बहुत,
चाहिए तन को तपाने के लिए।
युद्ध, केवल युद्ध है संजीवनी,
राष्ट्र का गौरव बचाने के लिए॥

इसी प्रकार कवि विषम परिस्थितियों में अपनी विवशता को व्यक्त करते हुए कहता है—

किंतु माँ, मैं विवश हूँ उस दीप-सा,
विवश हूँ उस लेखनी-सा क्या करूँ?
जो सँजोए हैं हृदय में, स्नेह-मसि,
एक कहता है-जलूँ, तो दूसरी-मैं भी चलूँ॥

कवि अपने समय का दर्पण होता है। कवि शंकर द्विवेदी ने भी स्व-वेदना और राष्ट्र के समक्ष खड़ी विकट समस्याओं को इंगित किया है। कवि समस्या ही नहीं बताता, बल्कि उसका समाधान भी प्रस्तुत करता है, जब वह कहता है—

खोजने होंगे हमें सत्वर, जटिल प्रश्नों के सरल उत्तर।

'तिरंगे को कभी झुकने न दोगे'—काव्य संग्रह जब पाठकों के समक्ष आएगा और वे उसमें अवगाहन करेंगे, तभी वे इस अमूल्य कृति का आत्मिक आनंद प्राप्त कर सकेंगे, क्योंकि किसी भी कृति की भूमिका या समीक्षा की सीमाएँ हैं, किंतु कवि की सोच की कोई सीमा नहीं होती। कवि को संपूर्ण समझने और जानने के लिए उनका काव्य संग्रह आद्योपांत पढ़ना नितांत आवश्यक है। कवि की अद्भुत काव्य क्षमता का परिचय इन पंक्तियों से मिलता है—'प्यार पनघटों को दे दूँगा' नामक कविता में जब वो लिखते हैं—

भय से परिचय नया नहीं है, मैं उस बस्ती में रहता हूँ
जहाँ अजन्मे शैशव के भी मन पर हथकड़ियों का भय है।
फिर भी अपना पुरुष परिस्थितियों के रंग में नहीं रँगा है,
वरन् परिस्थितियों को अपने लिए बदलने का निश्चय है।।

इस प्रकार हम देखते हैं कि शंकर द्विवेदीजी की रचनाओं में राष्ट्रप्रेम की उदात्त भावनाओं के साथ मानवीय संवेदनाओं का वह सम्मिश्रण है, जो राष्ट्र के समक्ष आई विषम आपदाओं का निवारण करने में सहायक सिद्ध होगा और यही उनके लेखन का उद्देश्य भी है और अभिप्राय भी। किसी भी लेखन की उपादेयता उसकी विशिष्टता है और यह उपादेयता हमें इस प्रतिभा के धनी और राष्ट्रीय आराधक कवि शंकर द्विवेदीजी की रचनाओं में देखने को मिलती है। मुझे आशा ही नहीं, पूर्ण विश्वास है कि यह कृति न केवल हिंदी काव्य जगत में अपना विशिष्ट स्थान बनाएगी, बल्कि नवोदित कवियों के लिए भी एक प्रकाशस्तंभ साबित होगी। कवि के प्रति अनन्य श्रद्धा भाव के साथ मैं उन्हें नमन करता हूँ और अपना सौभाग्य मानता हूँ कि मैं एक समर्थ रचनाकार की रचनाओं को पढ़ सका और उनके विषय में कुछ कहने का प्रयास किया...धन्यवाद।

—सुकवि डॉ. रामगोपाल 'भारतीय'

पी-एच.डी. (हिंदी)
128, शीलकुंज, मेरठ (उ.प्र.)
मो. : 8126481515

हर्ष का विषय है कि जनपद अलीगढ़ के हिंदी एवं ब्रजभाषा के मूर्धन्य कवि, साहित्यकार तथा उच्च कोटि के शिक्षाविद् परम आदरणीय श्रीयुत शंकर द्विवेदीजी द्वारा रचित साहित्यिक कृति—'तिरंगे को कभी झुकने न दोगे' का प्रकाशन उनके सुपुत्र श्री आशीष द्विवेदी एवं श्री राहुल द्विवेदी के सौजन्य से प्रभात प्रकाशन द्वारा होना सुनिश्चित हुआ है, जो कि एक सुखद एवं समाजोपयोगी पुण्य कार्य है।

आदरणीय कवि श्री शंकर द्विवेदीजी के कुछ साहित्य का पारायण कर मैं यह जान पाया हूँ कि निस्संदेह उनका साहित्य, चाहे गद्य में हो या पद्य में वीर रस में हो या शृंगार रस में, पाठक या श्रोता को अपने मोहपाश में बाँधने में सक्षम रहा है। अपने श्रेष्ठ साहित्य सृजन द्वारा आप जन-जन में लोकप्रिय कवि रहे हैं तथा कुशल शैक्षणिक कार्य द्वारा सब के चहेते शिक्षाविद् रहे हैं। मुझे आशा ही नहीं, पूर्ण विश्वास है कि ऐसे उद्‌भट विद्वान् द्वारा रचित कृति निश्चित ही समाज को उचित मार्गदर्शन देने में अपनी महती भूमिका निभाएगी तथा यह कृति साहित्यिक समाज में भरपूर सम्मान पाने में सफल होगी! इस पुनीत कार्य हेतु मेरी शुभकामनाएँ आदरणीय श्री आशीष द्विवेदीजी एवं श्री राहुल द्विवेदीजी के साथ इस आशा से हैं कि वे इस महान्-कृति का शीघ्र प्रकाशन कार्य संपन्न करवाकर हिंदी के भंडार में श्रीवृद्धि करेंगे।

—शिवशंकर यजुर्वेदी

कवि एवं साहित्यकार, बरेली (उ.प्र.)

~❖~

कविवर शंकर द्विवेदी से मेरा परिचय सन् 1974 में ही हो गया था, जब मैं हाई स्कूल का छात्र था । मेरे गुरुवर स्व. नवल सिंह भदौरिया 'नवल' ब्रज भाषा एवं हिंदी के समर्थ कवि थे। वे दामोदर इंटर कॉलेज, होलीपुरा, आगरा में हिंदी के प्राध्यापक थे। उन्होंने एक कवि-सम्मेलन कॉलेज के मंच पर करवाया। इस कवि-सम्मेलन में शंकर द्विवेदी के साथ चौधरी सुखराम सिंह, रमेश पंडित, विभांशु दिव्याल, प्रताप दीक्षित जैसे दिग्गज कवि पधारे थे। मुझे याद है, आदरणीय शंकर द्विवेदीजी के काव्य-पाठ पर बहुत देर तक करतल ध्वनि होती रही। मैं नवोदित कवि था, मुझे भी काव्य-पाठ कराया गया। मेरे काव्य-पाठ करते ही बिजली चली गई, मैं बिना रुके काव्य-पाठ करता

रहा। मेरी कविता की एक पंक्ति थी 'घोर अँधेरा भागेगा, फिर से प्रकाश आ जाएगा' ये पंक्ति कहते ही बिजली आ गई फिर क्या था, दादा शंकर द्विवेदी माला लेकर आए, मुझे पहनाते हुए कहा—'इस बालक की जिह्वा पर सरस्वती माँ विराजमान है, भविष्य में ये देश का श्रेष्ठ कवि बनेगा।' इस प्रकार उनका आशीर्वाद मुझे मिला।

सन् 1976 में मैं आगरा पढ़ने आ गया था, तब भी कवि गोष्ठियों व कवि सम्मेलनों में उनका आशीर्वाद मिलता रहा। मैं उनके कोसीकलाँ स्थित आवास पर मिलने जाता रहता था। वे सिर्फ कविता की बात करते थे, उसके भाव और शिल्प पर ज़ोर देते थे।

शंकर द्विवेदी का काव्य युवकों में चेतना भर देनेवाला काव्य था। भाव की दृष्टि से उनका काव्य हृदय में सहज उतर जाता था। उनका शिल्प विधान भी बेजोड़ था। संस्कृतनिष्ठ ऐसे-ऐसे शब्दों का प्रयोग करते थे, जो सहज ग्राह्य और अर्थवान होते थे। उनका व्यक्तित्व ऊर्जा प्रदान करनेवाला था। उनके व्यक्तित्व में प्रभावित करनेवाली शक्ति थी। उन्होंने जहाँ ओज और वीर रस की रचनाएँ लिखीं, वहीं राग-भाव के गीतों के ज़रिए हृदय में गहरे उतरने की शक्ति भी थी। वे ऐसी भाषा चुनते थे, जो विषयानुकूल, परिस्थितिजन्य तथा काल-संदर्भित हो। उनका एक गीत बहुत प्रसिद्ध हुआ, जो शायद इस संकलन में भी प्रकाशित हो रहा है—

'खोजने होंगे हमें सत्वर, कठिन प्रश्नों के सरल उत्तर'

इसी प्रकार के उनके अनेक गीत-कविताएँ मंचों पर लोकप्रिय हुईं। आज वे होते तो साहित्य भंडार में बहुत श्रीवृद्धि करते। उनका असमय चला जाना साहित्य संसार को झकझोरकर रख गया था। लेकिन वे ऐसी साहित्यिक रचनाएँ करके गए, जो उन्हें अमरता की श्रेणी में रखेगा।

मैं आदरणीय शंकर द्विवेदी के इस सद्यः प्रकाशित काव्य संकलन—'तिरंगे को कभी झुकने न दोगे' के लिए बहुत शुभकामनाएँ देता हूँ, साथ ही मैं उनके सुपुत्र राहुल द्विवेदीजी को साधुवाद देता हूँ, जिन्होंने मुझसे संपर्क कर मुझे आदरणीय शंकर द्विवेदीजी को स्मरण करने का अवसर प्रदान किया। मुझे पूर्ण विश्वास है, यह कृति साहित्य के अध्येताओं, विद्यार्थियों और पाठकों के लिए अत्यंत उपयोगी सिद्ध होगी। शुभेच्छु—

—डॉ. राजकुमार रंजन

कवि, लेखक, समीक्षक

59/121 ब-2, अजीत नगर गेट, आगरा-282001

मोबाइल-9639841312, 8979560457

इ-मेल : drranjanrajk@gmail-com

विस्मृत कविताओं का श्रेष्ठ संकलन है कवि शंकर द्विवेदी की ये कविताएँ

मुझे जानकर अतीव प्रसन्नता हुई कि मेरे गृह जनपद अलीगढ़ के स्वनामधन्य सुकवि, मेरे अग्रजवत् श्रद्धेय श्री शंकर द्विवेदी उर्फ शंकर द्विवेदी की उल्लेखनीय कविताओं का संकलन 'तिरंगे को कभी झुकने न दोगे' पूर्ण गरिमा के साथ प्रकाशित हो रहा है। कविवर शंकर द्विवेदी अपने कालखंड के चर्चित एवं लोकप्रिय मंचीय कवि थे। वे मात्र 40 वर्ष जीकर अपनी कविताओं के माध्यम से हिंदी काव्य जगत में शीर्षस्थ स्थान प्राप्त करने में सफल रहे; किंतु खेद है कि उनका समग्र काव्य संसार पांडुलिपियों तक ही सीमित रहा और उनके जीते-जी प्रकाशित कृति के रूप में पाठकों तक नहीं पहुँच सका। उनके स्वर्गारोहणोपरांत 'अंततः' काव्यकृति आ पाई, लेकिन उसे भी पाठ्यक्रम में स्थान नहीं मिल सका। सीमित संख्या में प्रकाशित होने के कारण यह हिंदी काव्य जगत में वांछित स्थान प्राप्त न कर सकी। मेरे परमप्रिय चि. आशीष व चि. राहुल के सद्प्रयासों से शंकर द्विवेदी का यह काव्य-संग्रह 'तिरंगे को कभी झुकने न दोगे' के रूप में पाठकों के हाथों तक पहुँच रहा है।

कविवर शंकर द्विवेदी स्वभाव से फक्कड़ और स्वाभिमानी प्रकृति के स्वामी थे। उन्हें ओज और वीर-रस के साथ-साथ शृंगार-रस में भी दक्षता प्राप्त थी। बहुमुखी प्रतिभा के धनी शंकर द्विवेदी अपनी शर्तों पर जीनेवाले व्यक्ति थे। यही कारण था कि उन्हें जीवन के अनेक क्षेत्रों में काम करने के अवसर मिले और अपनी प्रतिभा का श्रेष्ठ प्रदर्शन कर उन्होंने अपनी जीवटता का परिचय दिया। जहाँ भी उन्हें स्वाभिमान पर आँच दिखी, लगी-लगाई पक्की नौकरी छोड़ने में तनिक भी विलंब नहीं किया। अंततोगत्वा उन्हें अपना प्राप्तव्य मिला। किंतु विधि का विधान, मात्र 40 वर्ष की अल्पायु में एक अनपेक्षित सड़क दुर्घटना में माँ शारदे के लाड़ले की जीवनलीला की इतिश्री हो गई।

इस काव्य संकलन में प्रकाशित हो रही कविताओं का मूल स्वर राष्ट्रीय चेतना का स्वर है, जो तत्कालीन युद्धों के परिदृश्य में उभरा है। उन्होंने युद्धकाल की परिस्थितियों का बेबाक व निष्पक्ष चित्र उकेरा है। वे युद्ध को शांति स्थापना के संदर्भ में ही अनिवार्य मान रहे हैं—

आग, दहकी आग ही उपयुक्त है, हिंस्त्र-पशुओं को डराने के लिए।
युद्ध, केवल युद्ध क्षमतावान है शांति का दीपक जलाने के लिए॥

वीर अब्दुल हमीद को वे अपने शब्दों में श्रद्धांजलि देते हुए लिख रहे हैं—

किंतु अब इस देश के इतिहास में, एक नूतन पृष्ठ लहू से रँगा—
जुड़ चुका, स्वर्णाक्षरों में दीप्त है, चिर-अमर प्रिय नाम वीर हमीद का।
क्योंकि उसने मस्जिदें तोड़ी नहीं, मंदिरों की आरती बुझने न दी—
ग्रंथ को पूजा, पढ़ी थी बाइबिल, मिट गया, लेकिन ध्वजा झुकने न दी।

'वतन तुम्हारे साथ है'—कविता को उन्होंने देश की रक्षा में सीमा पर तैनात वीर सैनिकों को समर्पित किया है—

सीमा पर धरती की रक्षा में कटिबद्ध सिपाहियों—
हर मजहब कुर्बान वतन पर, वतन तुम्हारे साथ है॥

वीर रस के साथ-साथ कविवर शंकर द्विवेदी ने अपनी कविता में प्रकृति चित्रण को नए आयाम दिए हैं—

कोलाहल से दूर प्रकृति की सौम्य गोद में,
मुक्त हृदय से हँसता, जैसे महका-महुवा।
वंशीधरे कृष्ण के अधरों जैसा मनहर,
प्राची में उगते दिनमणि जैसा कुछ किंवा॥
प्रात:काल शिवालय में शंखध्वनि,
ऋषि-कुल ब्रह्मचर्य आश्रम में वेद-ऋचाएँ—
मन के अवसादों, दाहक सुधियों की ज्वाला,
शांत, सुरस धारा से सहज प्रशांत बनाएँ॥

यही नहीं, सुकवि ने प्रकृति को मुग्धा नायिका के रूप में प्रस्तुत करते हुए छायावादी युग को साकार कर दिया है—

कंचनवर्णा, नव-यौवना किसी मुग्धा ने,
दीप्तिमान कमनीय कंठ में रजत निर्मित—
हँसुली पहन रखी हो, अंबर के दर्पण में
छवि निहारती हो प्रमुदित मन रूप-गर्विता॥

विश्वगुरु के रूप में भारत को देखनेवाले कविवर शंकर द्विवेदी देशवासियों का आह्वान करते हुए कहते हैं—

माँगता है व्यर्थ सबसे ज्ञान की क्यों भीख,
ओ अभागे देश! गुरु का मान करना सीख।
विश्वगुरु तू हो न सहसा, यों अकिंचन शिष्य,
नील-अंबर में कहीं बनकर बृहस्पति दीख॥

देशप्रेम को सर्वोच्च मान देते हुए कवि की कामना है कि देश का प्रत्येक नागरिक राष्ट्र के प्रति समर्पित रहे—

स्नेह आजीवन तुम्हें देती रही,
यह भूमि जिस पर तुम गुलाबों से खिलोगे—
दे सको तो दो उसे इतना वचन,
तुम इस तिरंगे को कभी झुकने न दोगे॥

प्रबल देशभक्त कवि शंकर द्विवेदी बार-बार इसी भारतभूमि पर जन्म लेने की अभिलाषा रखते हुए कहते हैं—

आ'''ह! ले मैं भी चला, अगला जनम
फिर यहीं लूँ, तू वहीं संस्कार कर।
और क्या कीमत अदा तुझको करूँ,
देश की माटी, नमन स्वीकार कर॥

इस संकलन की सभी रचनाएँ पठनीय, मननीय, संग्रहणीय और गेयता से परिपूर्ण हैं। प्रत्येक कविता एक अलग व्याख्या की माँग रखती है। जब इन गीतों को गुनगुनाया जाता है, अंतर्मन में नई स्फूर्ति और नई ऊर्जा का भाव जगने लगता है। कविवर शंकर द्विवेदी के गीत पाठकों को आज के कोलाहल से दूर, एक अलग वातावरण में पहुँचा देते हैं। 'देर आयद, दुरुस्त आयद'—अंतत: शंकर द्विवेदी की कविताएँ हिंदी जगत् को प्रेमोपहार के रूप में पहुँच रही हैं। मुझे आशा ही नहीं, पूर्ण विश्वास भी है कि इन कविताओं का काव्य-जगत् में भरपूर स्वागत होगा और इन पर विभिन्न विश्वविद्यालयों में शोधकार्य भी संपन्न होगा। सुकवि शंकर द्विवेदी के परिवार को विशेष साधुवाद कि विस्मृत श्रेष्ठ कवि-रचनाओं को हिंदी काव्य-संसार की अनमोल धरोहर बनाने का भगीरथ प्रयत्न वे कर रहे हैं। हार्दिक मंगलकामनाओं के साथ—

—डॉ. हरिसिंह पाल
सदस्य, हिंदी सलाहकार समिति,
संस्कृति मंत्रालय, भारत सरकार, नई दिल्ली।

(डॉ. हरिसिंह पाल, आकाशवाणी, दिल्ली के पूर्व अधिकारी तथा संप्रति अखिल विश्व हिंदी समिति, न्यूयॉर्क (अमेरिका) की प्रतिनिधि हिंदी पत्रिका 'सौरभ' के प्रधान संपादक भी हैं।)

प्रख्यात मनीषी और उद्‌भट विद्वान् स्व. श्री शंकर द्विवेदीजी की हिंदी भाषा विषयार्थ समर्पित महनीय सेवाओं का हार्दिक अभिवादन, वंदन और नमन करते हुए उनकी सद्य: प्रकाशित कृति हेतु कोटि-कोटि शुभकामनाएँ व बधाई। ओज के प्रखर प्रणेता, श्रृंगार के शब्द गंधर्व, करुणा के मर्माहत अश्रुबिंदु, शांत-रस के शिव का अभिषेक करनेवाली देवापगा के तुल्य सौम्य समर्पण की प्रबोध ऋचा और लेखन की प्रभूत विद्वत्ता के पूर्णाकार व्यास स्व. शंकर द्विवेदी, जिनके अनुज डॉ. महावीर द्विवेदी लब्ध-प्रतिष्ठित साहित्यकार रहे, ऐसी परम प्रभावान सत्ता की कीर्ति रश्मियों से हिंदी साहित्य प्रकाशमान होकर गौरवान्वित अनुभव करता हुआ, उसकी आलोक छटा की चंद्रिका में स्वयं को धन्य समझता है। ऐसी प्रखर प्रतिभा की वर्तमान में प्रकाशित होनेवाली कृति के लिए चि. आशीष व राहुल भी धन्यवाद के पात्र हैं, जिनके अथक परिश्रम से हिंदी साहित्य में एक अमूल्य धरोहर की श्रीवृद्धि करती हुई कृति—'तिरंगे को कभी झुकने न दोगे' अमर रहेगी, ऐसी आशा एवं कामना करता हूँ।

—सुकवि आनंद गौतम

(सुप्रसिद्ध हास्य-व्यंग्य मनीषी)

कविश्रेष्ठ शंकर द्विवेदी मेरे अभिन्न मित्र थे। सन् 1963 में हम परस्पर संपर्क में आए थे। उसके बाद मेरा उनका निरंतर साथ बना रहा। आगरा उनकी कर्मस्थली रही और मेरा स्थायी निवास। उनके आगरा प्रवास के लगभग चार-पाँच वर्ष का हमारा साथ अत्यंत निकट का रहा। वे वीर-रस के सशक्त हस्ताक्षर थे। उनके शब्दों में ओजस्विता स्वत: प्रस्फुटित होती थी। आगरा में जब मैं गुलाबराय मार्ग पर रहा करता था, तब वे आगरा में अकेले निवास करते थे। मुझे भली-भाँति याद है कि अकेले रहने के कारण अकसर वे अपराह्न का भोजन मेरे साथ मेरे निवास पर ही ग्रहण किया करते थे। भोजन के साथ-साथ साहित्यिक चर्चा-परिचर्चाओं का दौर निरंतर जारी रहता था। आज यह जानकर मैं बहुत प्रसन्नता महसूस कर रहा हूँ कि एक लंबे समयांतराल के पश्चात् उनका काव्य-संग्रह 'तिरंगे को कभी झुकने न दोगे' का प्रकाशन होने जा रहा है। निश्चय ही

उनकी काव्य प्रतिभा से साहित्य जगत् लाभान्वित होगा तथा नवोदित कवियों को उचित प्रेरणा व मार्गदर्शन प्राप्त होगा। मैं इस पुनीत कार्य के साफल्य हेतु अपनी मंगलकामनाएँ प्रेषित करता हूँ।

—रामेंद्र मोहन त्रिपाठी
कवि तथा गीतकार
44-ए, प्रताप नगर, आगरा (उ.प्र.)
संपर्क : 9412264988

संवेदना के कवि : शंकर द्विवेदी

स्वनामधन्य काव्य-शिल्पी, वरद सरस्वती-पुत्र, स्वभाव से फक्कड़ और स्वाभिमानी, सुविख्यात शिक्षाविद् शंकर द्विवेदीजी के बारे में उनके अनुज एवं यशस्वी गीतकार डॉ. महावीर द्विवेदी से बहुत सुना-समझा था। उस समय के कवियों के बीच जब भी साहित्यिक चर्चा होती तो शंकर द्विवेदी का नाम आ ही जाता। उनके लोकगीत मेरे अंतर्मन को छूने लगे। उनकी 'ताजमहल' कविता की चर्चा और सराहना मैंने ब्रजक्षेत्र के तमाम बड़े कवियों के मुख से सुनी। मेरी जिज्ञासा बढ़ी और फिर मुझे यह कविता पढ़ने का अवसर सुलभ हो गया।

जब कविता पढ़ी, तब अहसास हुआ कि एक कवि कितना संवेदनशील होता है! हाथ कटे कलाकारों की व्यथा से कवि कितना व्यथित हुआ होगा, तब जाकर क़लम ने कमाल किया होगा। तभी तो कवि ताजमहल को संबोधित करते हुए लिखता है—

श्वेत-दूधिया दीप्ति तुम्हारी प्राचीरों की,
लगता है, वे लाश कफन ओढ़े सोई हैं—
विधवा पत्नी, माँ-बहिनों की; अश्रु-सलिल से-
तेरे उपवन में असहाय व्यथा बोई हैं॥

एक ओर कवि शाहजहाँ-मुमताज की रंगरेलियों पर क़लम चलाता है तो दूसरा दृश्य आहत परिवारों का चित्रित करता है। शंकर द्विवेदी ब्रजभाषा के लोकगीतों के कुशल चितेरे कवि हैं। उन्होंने ब्रजभाषा की तमाम प्रचलित

लोकधुनों पर अपने गीत लिखे। उन्होंने अपने ब्रज लोकगीतों में देश, समाज, रीति-रिवाज और आध्यात्मिकता को गाया गया है। जब देश की बात आती है, तब वे गाते हैं—

तो पै निछावर तन-मन-प्रान,
ओ मेरी धरती मैया!

जब कवि लोक-शैली में अध्यात्म की बात करता है या जीवन-मरण को बताता है, तब उनका ये लोकगीत दृष्टव्य है—

जा दिन काल करैगो फेरौ—
कोई बस न चलैगौ तेरौ।
रे प्रानी! मत कर गरब घनेरौ
दुनिया रैन-बसेरौ॥

× × × × ×

डँसी दुबिधा नैं मन की मौंज, चैन अजाने गाँव बस्यौ।
कहाँ ते गाऊँ राग-मल्हार, हिये में हाहाकार मच्यौ॥

जहाँ कवि शंकर द्विवेदी ने अपने कवित्तों में कृष्ण को गाया है, वहीं उनके मुक्तक गीत और गीतिकाओं में दर्द फूट पड़ा है। वह कहते हैं—

सहज गीत गाना होता तो पीड़ा का यह ज्वार न होता।
लय की भाँवर स्वर से पड़तीं, गीत कभी बेज़ार न रोता॥

उनके गीतों का दर्द देश का, समाज का, परिवेश का दर्द है। तभी तो वे कहते हैं—

जब से इस दुखिया बस्ती की, पीड़ा मैंने गले लगाई।
तब से यह बेरहम जमाना, मुझको आवारा कहता है॥

स्व. शंकर द्विवेदीजी का जीवन अनेक प्रकार के घात-प्रतिघातों का सामना करते हुए निखार को प्राप्त हुआ था। दुर्द्धर्ष संघर्ष ने उन्हें यशस्विता के सोपान पर आरुढ़ किया था। उनकी समस्त महत्ता उनके पुरुषार्थ से सृजित हुई है। इस प्रकार उनका व्यक्तित्व तपकर सोना बना था। शंकर द्विवेदी को जितना पढ़ा जाए, उतना ही उनकी रचनाओं में डूब जाना पड़ता है, यही उनकी रचनाधर्मिता की विशेषता है।

—सुकवि बलराम 'सरस'
एटा (उ.प्र.)

कविवर शंकर द्विवेदी : हमारी यादों में

हमारे अपने प्रियजन की याद हमारे दिल से कभी नहीं जाती। वह हमारे दिलोदिमाग़ पर छाई रहती है। कितने वर्ष हो गए, क्या कभी हम अपने लाड़ले भाई शंकर द्विवेदी को भूले हैं? कितनी यादें, कितने संस्मरण, कितने रोचक क़िस्से, कितनी यात्राएँ, कितने मंचीय कार्यक्रम सब जीवंत हो उठे हैं।

कुछ ही दिन पूर्व चि. आशीष और चि. राहुल से फोन पर संपर्क हुआ। यह जानकर बहुत ही प्रसन्नता हुई कि शंकर भाई के ये होनहार सुपुत्र उनकी चुनी हुई कविताओं का संग्रह प्रकाशित कराने जा रहे हैं। 'तिरंगे को कभी झुकने न दोगे' नामक काव्य-संग्रह प्रकाशित होने जा रहा है, यह बहुत सुखद सूचना है। आशीष और राहुल दोनों ही बहुत पुण्य का कार्य कर रहे हैं; दोनों को साधुवाद देती हूँ।

शंकर भाई की रचनाएँ मेरे सामने हैं। सब एक से बढ़कर एक हैं। प्रत्येक रचना के हरेक अक्षर में से शंकर भाई की वाणी का दर्शन हो रहा है। जैसी उनकी श्रेष्ठ रचनाएँ हैं, वैसा ही शंकर भाई का ओजस्वी स्वर; मानो आज भी कान में उसकी अनुगूँज सुनाई दे रही है—'*मगर ललकार का स्वागत सदा तलवार करती है।*' या फिर '*हमारे देश की धरती हमें लाचार करती है*', जैसी पंक्तियाँ शंकर भाई की लेखनी के ओज को उजागर कर रही हैं। उनकी हर रचना, हर पंक्ति, हर अक्षर, हर शब्द बोलता हुआ-सा जान पड़ता है।

मुझे याद है, वे जब मंच पर कविता पढ़ते थे तो श्रोता मंत्रमुग्ध हो जाते थे। सारा हॉल या पंडाल तालियों से गूँज उठता था। वे समस्त कार्यक्रम मानो अकेले ही लूट लेते थे। अपने आयोजनों में मुझे खूब बुलाते थे; बस कहते थे कि अमुक कार्यक्रम में आपको आना है। पूरे अधिकार से, पूरे हृदय से, पूरे स्नेह से आमंत्रण देते थे। जो बात उनके मन में होती थी, वही वाणी से मुखर होती थी।

जहाँ एक ओर वे श्रेष्ठ कवि थे, वहीं दूसरी ओर वे एक अच्छे और निश्छल हृदय के इंसान थे। मनसा-वाचा-कर्मणा सिद्धांतों के पक्के। व्यवहार बनानेवाले और व्यवहार निभानेवाले। ऐसे लोग और वह भी मंचीय वातावरण में कम ही मिलते हैं। उनके व्यक्तित्व के समान उनका कृतित्व भी अत्यंत प्रभावशाली रहा।

मैं उनके शीघ्र प्रकाश्य काव्य-संग्रह 'तिरंगे को कभी झुकने न दोगे' के विषय

80 तिरंगे को कभी झुकने न दोगे

में चर्चा करना चाहती हूँ। उक्त काव्य-संकलन के प्रारंभ में ही शंकर भाई की चार पंक्तियाँ रोमांचित कर देनेवाली हैं—*'मगर ललकार का स्वागत सदा तलवार करती है।'* माँ सरस्वती की वंदना से ही काव्य-संकलन का समर्पण भाव मुखरित होने लगता है—*'जयतु जय माँ शारदे, वर दे! विनत जन तार दे!'*

वर्षों पूर्व रची गईं शंकर भाई की पंक्तियाँ जिन चिंताओं को व्यक्त कर रही हैं, वे आज भी सामयिक व प्रासंगिक हैं। कवि कालजयी होता है, उसकी रचना देश-काल से परे भी जीवंत और प्रेरणादायी होती हैं—*'घूमते-फिरते दशानन साधुओं के वेश में।'*

कवि अपने देश के संस्कार व संस्कृति का स्मरण कर रहा है—*'एक दिन थी गूँजती ध्वनि वेद-मंत्रों की जहाँ।'* सच्चा कवि वही है, जो अपने समय की चिंता के साथ-साथ अतीत के गौरव को सहेजे और भविष्य के प्रति आशा का दीप जलाए रखे।

कवि प्रदूषित वातावरण के प्रति भी चिंतित है—*'पंछियों को मुक्त विचरण की रही सुविधा नहीं।'* वह दूरदर्शी होता है और संसार के कल्याण का भार वहन करता है—*'भव-भावना का भार दे।'*

'वतन तुम्हारे साथ है' नामक गीत कवि की प्रतिनिधि रचना है। वह देश की रक्षा करनेवाले सैनिकों को आश्वस्त कर रहा है तथा उन्हें उत्साहित भी कर रहा है—'चढ़कर आनेवाले वैरी को देना चेतावनी।'

'शांति का दीपक जलाने के लिए' कविता भी अप्रतिम है। इन कविताओं को जब शंकर भाई अपने ओजस्वी स्वर में मंच पर प्रस्तुत करते थे, तो हम मंचासीन कवियों और प्रांगण में उपस्थित सहृदय श्रोता रोमांचित हो उठते थे। इस कविता में व्यंग्यात्मकता तो सोने में सुहागा है—*'संधि थी या दुरभि संधि, पता नहीं? तुम* शिखाएँ बाँधकर चलने लगे।' या फिर-*'वैधता अपनी स्वयं ही आँक लो'*... *'आँख में पानी भरो, लो देख लो'*...।'

कवि राष्ट्र के गौरव की रक्षा के लिए स्वयं भी कटिबद्ध है और सीमा पर तैनात सैनिकों को भी प्रेरित कर रहा है—*'युद्ध केवल युद्ध है संजीवनी, राष्ट्र का गौरव बचाने के लिए।'*

लोकोक्तियों, कहावतों और मुहावरों का प्रयोग कवि की कविता का मानो श्रृंगार कर रहे हैं—*'फिर समय किसी का सगा नहीं मेरे भाई'*... या फिर... *'विजय सत्य की होती है'*... अथवा *'मिल गई ढील, तो गीत पड़ोसी का गाएँ'*... या फिर *'कंधे देनेवाला भी कोई मिले नहीं।'*

कवि की भाषा विषयानुकूल और प्रवाहमयी है। शब्दों का गठन हर पंक्ति को

जीवंत कर देता है। अलंकार प्रयोग से भाषा आकर्षक व अलंकृत हो गई है। अनुप्रास, यमक, श्लेष, दृष्टांत तथा अर्थांतरन्यास आदि अलंकारों ने कवि की भाषा को प्रभावशाली बना दिया है। कवि की भाषा भावों के अनुकूल है या कहना चाहिए कि भावों के पीछे-पीछे भाषा सहजता से चलती है। यह विशेषता कवि की लेखनी की परिचायक है।

'कच्छ-केरन युद्ध की स्थिति पर एक सैनिक के उद्‍गार' जो कवि ने अपनी लेखनी से प्रकट किए हैं, वे कवि की गति, यति, कहन-वर्णन आदि सब 'प्रसाद-युग' की याद दिलाते हैं। प्रकृति-वर्णन में कवि बेजोड़ हैं। उन्होंने अनेक स्थलों पर प्रकृति का मानवीकरण करते हुए सांगरूपक प्रस्तुत किया है। ये पंक्तियाँ द्रष्टव्य हैं—*'गूँथ अलकों में सितारों के सुमन, श्वेत-चूनर रेशमी ओढ़े हुए।'*··· *'खिलखिलाकर हँस उठीं, विकसे कुमुद'*··· *'मनचला शठ तिमिर लुक-छिपकर खड़ा।'* इस प्रकार के अनेक सुंदर उदाहरण दर्शनीय हैं।

कवि दीपक जैसा भी है, लेखनी जैसा भी। वह विवश है, जलने के लिए भी, चलने के लिए भी। यथा—*'मैं विवश हूँ उस दीप-सा, विवश हूँ उस लेखनी-सा क्या करूँ? जो सँजोए हैं हृदय में स्नेह-मसि, एक कहता है जलूँ, तो दूसरी मैं भी चलूँ।'*

ऐसी अद्‍भुत पंक्तियाँ शंकर भाई के अतिरिक्त भला और कौन रच सकता है। इनको सुनकर मंच पर बैठी मैं रोमांच से भर उठती थी। मेरे पति भी सदा मेरे साथ ही कार्यक्रमों में जाते थे। वे कविता के असली पारखी थे। उनकी शंकर भाई से ख़ूब पटती थी। आज न मेरे पति वीरेनजी रहे, न शंकर भाई। बस स्मृतियाँ ही शेष हैं। अहा! हमारे जीवन का वह कैसा सुंदर स्वर्णकाल था, जो अब कभी लौटकर नहीं आ सकता।

कहने को और याद करने को तो बहुत कुछ है, वह केवल हृदय से महसूस किया जा सकता है, काग़ज़ पर उतारना आसान नहीं।

'शंकर द्विवेदी' एक ऐसे अमर कवि का नाम है, जिसकी कविता स्वाभिमान के स्वरों से अनुप्राणित है, ओज को गाती है, कर्तव्य के पथ पर चलती है, अपने अस्तित्व के प्रति सचेत रहती है, संघर्ष के उत्कर्ष से संपृक्त है, गरल पीकर जीना जानती है, देशभक्ति से ओत-प्रोत है। ऐसे गुणों से युक्त कविता का रचयिता स्वयं भी इन गुणों से अनुस्यूत है।

प्रस्तुत संकलन की कविताएँ एक से बढ़कर एक हैं। इन कविताओं के विषय और शीर्षक भी अनूठे हैं, जैसे—'ग्रीष्मकालीन शुक्ल-पक्ष और कैलास', 'विश्वगुरु के अकिंचन शिष्यत्व पर', 'अजेय कीर्तिस्तंभ' आदि। 'गंगा-स्नान', 'गाँधी-आश्रम', 'ताजमहल' आदि कविताएँ कवि की नवोन्मेषशालिनी कल्पना शक्ति की अप्रतिम दस्तावेज़ हैं। 'शिव-शंकर तुझे पुकारे' कविता कवि के नाम को भी सार्थक

कर रही है। 'सत्य की हत्या' कवि को सहन नहीं है। 'माथे की बिंदी' हिंदी का कवि अनन्यतम प्रशंसक व साधक है। वह भारत का सच्चा नागरिक है, लेखनी का धनी है, इतिहास का ज्ञाता है और इस सबसे बढ़कर सच्चा व नेक इंसान है।

ऐसा अप्रतिम कवि आज भी हमारी यादों में बसता है, उसे हम 'थे' या 'था' किस प्रकार कह सकते हैं। वह अपनी कविता के माध्यम से आज भी हमारे दिलों पर राज कर रहा है। उसकी कविता की गूँज सदियों तक गुंजायमान रहेगी।

मैं शंकर द्विवेदी जैसे मंच के लाड़ले कवि को और उनकी कवित्व शक्ति को बारंबार विनम्र श्रद्धांजलि अर्पित करती हूँ। आशा करती हूँ कि प्रस्तुत काव्य-संकलन 'तिरंगे को कभी झुकने न दोगे' को हिंदी काव्य जगत में सम्मान मिलेगा। ये ओजस्वी कविताएँ नवोदित कवियों को प्रेरणा देंगी। इसी कामना के साथ⋯।

दिनांक : 10 जनवरी, 2021

—प्रो. (डॉ.) शशि तिवारी

(अंतरराष्ट्रीय कवयित्री/साहित्यकारा/समाजसेवी)

भूतपूर्व विभागाध्यक्ष, संस्कृत संकाय, आगरा कॉलेज, आगरा (उ.प्र.)

दूरभाष : 8958787469, 9897260422

ई-मेल : shashiviren@gmail.com

(प्रो. (डॉ.) शशि तिवारी मैत्रेयी कॉलेज, दिल्ली वि.वि. के संस्कृत विभाग से संबद्ध विश्वप्रसिद्ध संस्कृत-सेवी हैं। उनको सन् 2016 में 'राष्ट्रपति-सम्मान', साहित्य-भूषण सम्मान, 'महर्षि व्यास सम्मान' सहित कुल 27 बड़े सम्मानों से अलंकृत किया जा चुका है।)

ब्रजभाषा काव्य के आधुनिक कबीर : श्री शंकर द्विवेदी

जैसा कि हम सब जानते हैं कि प्रभु की कृपा से जीवन में कुछ लोग मिला करते हैं और जब वे मिलते हैं तो दूध और जल की तरह घुल-मिलकर एक हो जाया करते हैं। शंकर द्विवेदी से मेरा मिलन-संयोग भी कुछ ऐसा ही रहा। आकाशवाणी में सेवारत होने से पूर्व हम कासगंज के समीप मेरे पैतृक गाँव मौसमपुर में निवास करते थे। हालाँकि मूल रूप से हम ब्रज के

कमिलगहरा, जोकि रासलीला-मंचन के लिए प्रसिद्ध है तथा जहाँ से रासलीला का निकास व उद्गम हुआ है, वहाँ से किन्हीं उपलब्धियों के कारणवश हमारे पूर्वज कासगंज आकर स्थापित हो गए। पूर्वजों के साहित्य से जुड़ाव के कारण मेरी साहित्यिक रुचि को भी पंख मिले और इस कारण कासगंज में बड़े-बड़े कवि-सम्मेलनों के आयोजनों से मैं जुड़ता चला गया।

विशेषकर ब्राह्मण-संघ से जुड़े होने की वजह से आज से लगभग पचास वर्ष पूर्व एक बहुत बड़े कवि-सम्मेलन के आयोजन का प्रयोजन हुआ। ब्राह्मण-संघ के कार्यकर्ताओं द्वारा अनेक कवियों का नाम प्रस्तावित किया गया। शंकर द्विवेदी के अनुज डॉ. महावीर द्विवेदी, जो उस समय के.एल. जैन इंटर कॉलेज, सासनी में अध्ययनरत थे, मेरे परम-मित्र थे तथा उनके सान्निध्यवश मैंने भी शंकर भाई को अनेक बार काव्य मंचों पर सुना था। मेरे एक और अभिन्न मित्र डॉ. राजेंद्र रंजन चतुर्वेदी, जो मूलत: मथुरा के निवासी हैं तथा शंकर भाई दोनों ही उन दिनों के.एल. जैन इंटर कॉलेज, सासनी में सेवारत् हुआ करते थे। चूँकि कवि-सम्मेलन का आयोजन एक दिवस बाद ही होना था, अत: मेरे ही प्रस्ताव पर उन्हें आमंत्रित कर, बुलाने का दायित्व भी मुझे ही सौंपा गया।

मैं पूर्ण उत्साह के साथ श्री द्विवेदी को आमंत्रण देने सासनी पहुँच गया। उनके आवास का पता प्राप्त कर जब मैं उनके घर पहुँचा, तब वहाँ एक अनुष्ठान के पश्चात् ब्रह्म-भोज का कार्यक्रम सुचारु था। ज्ञात हुआ कि शंकर भाई के यहाँ पुत्र-रत्न की प्राप्ति के उपलक्ष्य में यह कार्यक्रम हो रहा था। पुत्र का नाम रखा गया था—राहुल। मैं भी कार्यक्रम में सम्मिलित हो गया। कार्यक्रम से निवृत्त होकर चरण स्पर्श कर अनुज महावीर से अपनी मित्रता का परिचय देते हुए, मैंने अपने आने का प्रयोजन स्पष्ट किया तथा कवि-सम्मेलन हेतु यथेष्ट स्वीकृति प्राप्त की।

इस कवि-सम्मेलन में पद्मश्री काका हाथरसी भी आमंत्रित थे, किंतु वे अन्यत्र व्यस्त होने के कारण न आ सके, किंतु शंकर द्विवेदी अगले दिन नियत समय पर कवि-सम्मेलन में पधारे तथा अपना काव्य-पाठ करने के उपरांत जब पारिश्रमिक देने की बारी आई तो उन्होंने तथा कवि 'निर्भय' हाथरसी ने पारिश्रमिक न स्वीकारते हुए अपनी ओर से अतिरिक्त राशि जोड़कर ब्राह्मण संघ को भेंटस्वरूप समर्पित कर दी।

कुछ समय पश्चात् दैव-संयोग से मेरा चयन आकाशवाणी-मथुरा में उद्घोषक पद पर हो गया। 'ब्रज कार्यक्रम' तथा 'ब्रज-माधुरी' कार्यक्रम का संयोजन-नियोजन आकाशवाणी के अधिकारियों द्वारा मुझे ही सौंपा गया। सासनी भी आकाशवाणी मथुरा के प्रसारण क्षेत्र के अंतर्गत आता था। शंकर द्विवेदी मेरे बड़े भाई थे, पर मैं उनके लिए 'थे' का प्रयोग क्यों करूँ, वे आज भी हैं, क्योंकि साहित्यकार कभी 'थे'

के प्रयोग में नहीं आते, जब तक उनका साहित्य जीवित रहता है, वे भी अमर रूप में हमारे मध्य बने रहते हैं। मेरे आकाशवाणी के चयन के बाद तो आकाशवाणी के कार्यक्रमों में उनकी निरंतरता के कारण वे मेरे और निकटस्थ हो गए। जब भी वे आकाशवाणी प्रसारण की रिकॉर्डिंग हेतु आते, तो वे घर रुकते, साथ-साथ भोजन करते और तब रिकॉर्डिंग के लिए जाते। इस तरह मेरा व उनका संबंध प्रगाढ़ होता गया और अपने अनुज महावीर के समान ही मुझसे भी स्नेहवत् रहने के कारण उनका वरद्‌हस्त मेरे शीश पर सदा विराजमान रहा।

उस समय लोक-कलाकारों, वादकों, कवि-साहित्यकारों की वार्त्ता या काव्य-पाठ के सभी कार्यक्रम सजीव (लाइव प्रसारण) ही प्रसारित होते थे। ये सभी कार्यक्रम ब्रजभाषा के माधुर्य से पगी हुई उद्‌बोधक पंक्ति—'सब भैयान कूँ हमारी राम-राम' के जयघोष से आरंभ होते थे। इन कार्यक्रमों में गुसाईंजी (राधा बिहारी गोस्वामी) हुआ करते थे, मैं श्रीकृष्ण शरद किशन भैया के रूप में हुआ करता था, पद्‌मश्री मोहन स्वरूप भाटिया भैयाजी के रूप में उपस्थित रहते थे, डॉ. राम नरेश पांडेय भी भैयाजी के रूप में हुआ करते थे। बाद में विकास क्रम में यतींद्र चतुर्वेदी, त्रिभुवन शर्मा जुड़े और आकाशवाणी का यह स्टाफ शंकर द्विवेदी भैया से बहुत स्नेह मानने लगा था।

मैंने जब-जब उनका काव्य-पाठ सुना तब-तब मुझे प्रतीत हुआ कि उनकी रचनाएँ अत्यंत संवेदनशील, मर्मस्पर्शी, गहन चिंतन-मनन से उपजी रचनाएँ हुआ करती थीं। जब-जब उनका काव्य-प्रसारण आकाशवाणी से हुआ, मेरी आँखों में आँसू आ जाते थे। उनकी कविता सुनकर मुझे हर बार किसी 'कबीर' का अहसास होने लगता था। मुझे लगता था, जैसे कोई कबीर कविता पढ़ रहा है। हमारे लिए तो वे ब्रजभाषा के आधुनिक युग के ही कबीर थे। उनकी रचनाओं में मर्म था, संवेदनशीलता थी। धर्म-अध्यात्म-साहित्य-संस्कृति, ये सभी बिंदु उनकी रचनाओं में विद्यमान थे। लेकिन इसके अंतर्गत भी जो प्रमुख रस था, वह था विरह-रस। संयोग शृंगार भी वे लिखते-सुनाते अवश्य थे, पर उनके काव्य में मूल संवेदना विरह की ही थी।

जब वे सासनी से विस्थापित होकर ब्रज-बिहारी महाविद्यालय, कोसीकलाँ में सेवारत हुए, तब उन्होंने उपहासवश कहा कि—"भाई श्रीकृष्ण, हमारा मानदेय घट कैसे गया?" मैंने जवाब दिया— "भाईसाहब जब आप सासनी से आते थे, तब तीन चरण की यात्रा कर यहाँ पहुँचते हैं और अब आप जनपद मथुरा के कोसीकलाँ से आते हैं, अत: दूरी घटने की स्थिति में मानदेय भी घट गया है।" ऐसे अवसर पर भी वे हँसते हुए कहते थे कि हमारा मान-सम्मान बना रहना चाहिए, मानदेय भले घट जाए।

आकाशवाणी पर रिकॉर्डिंग हेतु कोसीकलाँ के अनेक गायक आते रहते थे। एक दिन ऐसे ही एक अवसर पर कोसी से पधारे एक कलाकार द्वारा बताया गया कि मथुरा-कोसी के मध्य एक बस दुर्घटना घटी है और कवि श्री शंकर द्विवेदी उसमें दुर्घटनाग्रस्त हो गए हैं, गंभीर अवस्था में हैं और संभव है कि उनके साथ कहीं कोई अनहोनी न हो जाए। उन दिनों मोबाइल फोनों का चलन तो था नहीं, आकाशवाणी के 515 दूरभाष से कोसी फोन करने पर ज्ञात हुआ कि दुर्घटना में शंकर द्विवेदी चोटिल हुए हैं और दुर्भाग्यवश उनका देहावसान हो चुका है। मैं यह सुनकर अवाक् रह गया। जब उनकी रचनाएँ सुनता था, तब लगता था कि कबीर हमारे बीच हैं और जब दुर्घटना का हृदय-विदारक समाचार सुना तो सहज विश्वास ही नहीं हुआ कि हमारे कबीर हमसे बिछुड़ गए। इस समाचार से सहसा ही मुझे यह अहसास होने लगा कि उनकी रचनाओं में विरह की प्रधानता शायद इसी कारण रही होगी। अपनी रचनाओं में वे जिस विरह को गाते थे, उस विरह से इस रूप में परिचय होगा ऐसा विचार मन में पहले कभी नहीं आया, किंतु उनके देहांत के बाद यह अकसर कचोटता रहा। उनके वेदना और विरह के गायन का शायद यही संकेत था।

मेरे मस्तिष्क में त्वरित उनके पुत्र-रत्न प्राप्ति के उपलक्ष्य में होनेवाले ब्रह्म-भोज की स्मृतियाँ कौंध गईं। उस समय पुत्र का नामकरण राहुल किए जाने पर मैं मौन रह गया था। किंतु मेरे मन का एक अज्ञात भय इस प्रकार साक्षात् प्रस्तुत होकर हृदय को भेद जाएगा, उसकी कल्पना तक से मैं सिहर गया था। राहुल नाम के प्रति मेरे हृदय में छिपा वह पूर्वाग्रह सर्वप्रथम भगवान् बुद्ध के संदर्भ में प्रकट होता था। अपने पुत्र राहुल व अपनी पत्नी यशोधरा को एक दिन चुपचाप सोता छोड़कर वे महल से निकल गए थे। इसी प्रकार शंकर भाई के साथ भी हुआ और बाद में राजनेता राहुल गाँधी के पिता व पूर्व प्रधानमंत्री राजीव गाँधी का भी सहसा एक दुर्घटना में चला जाना मेरे मन में छिपकर बैठे इस पूर्वाग्रह को न-जाने क्यों किसी अज्ञात सत्य की छाया में लाकर खड़ा कर देता है। उस समय मैं सोचा करता था कि मैं उनसे कहूँ कि वे राहुल के स्थान पर पुत्र का नाम परिवर्तित कर कुछ और रख दें, किंतु संकोचवश कभी कह न पाया।

जो भी हो, पर इतना अवश्य है कि भाई शंकर द्विवेदी और पूज्या कृष्णा भाभी दोनों ने ही अपने-अपने स्थान पर अपनी सिद्धि व प्रसिद्धि निर्मित की और हमेशा सबके मन पर छाए रहे। हाथरस क्या, जहाँ-जहाँ वे सुदूर स्थलों पर भी कवि-सम्मेलनों में जाते थे, वहाँ भी अपनी अमिट छाप छोड़कर आते थे। आकाशवाणी के कार्यक्रमों की वजह से मैं ब्रज के अनेक कवियों, साहित्यकारों व कलाकारों

के संपर्क में रहा, उनके साथ जिया, आनंदित हुआ, उनकी रसवर्षा सुनी व उसमें अपना योगदान भी दिया।

आज भले ही शंकर द्विवेदी भाईसाहब हमारे बीच में तन से उपस्थित नहीं हैं, क्योंकि ये नश्वर शरीर तो अवश्य विनष्ट हो जाता है, इसका विनाश होना शाश्वत है, लेकिन स्मृतियाँ शेष रह जाती हैं। उन्होंने अपने कृतित्व व सृजन से ब्रजभाषा की काव्य-रचनाओं का तो इतना भंडार भरा कि ब्रज क्षेत्र का तो कोई कवि-कलाकार, साहित्यकार उन्हें बिसरा नहीं सकता। वे शरीर से भले ही हमारे मध्य न हों, पर अपने साहित्य से वे आज भी हमारे बीच ही हैं। मैं उन्हें अपने श्रद्धा-सुमन अर्पित करते हुए, उनके मानस से स्वयं को जोड़ते हुए, अपना मस्तक नवाता हूँ। वे पुन: जहाँ भी अवतरित हुए हों, इस जन्म की भाँति ही अपने नए जन्म में भी काव्यामृत का वर्षण करें।

ब्रज की एक लोकोक्ति में सुना था—'जाकी यहाँ चाहना, बाकी वहाँ भी चाहना।' जिसकी धरती पर भी चाहना होती है, ईश्वर को भी उसकी चाहना होती है और ऐसे व्यक्तित्व को ईश्वर भी अपने समीप जल्दी बुला लेता है। शंकर द्विवेदीजी के संदर्भ में शायद यही सच प्रतीत होता है। ऐसे महान् व्यक्तित्व को मेरा मस्तक झुककर प्रणाम निवेदित करता है, मेरा शत-शत नमन।

—डॉ. श्रीकृष्ण 'शरद'
भूतपूर्व वरिष्ठ कार्यक्रम उद्घोषक
आकाशवाणी केंद्र, मथुरा (उ.प्र.)
सदस्य : यू.पी. जर्नलिस्ट एसो. (उपजा)
सदस्य : नेशनल यूनियन ऑफ जर्नलिस्ट्स इंडिया
दूरभाष : 849988882, 8923242023

मेरे सहयात्री स्व. शंकर द्विवेदी

श्री शंकर द्विवेदी हिंदी व ब्रजभाषा के साथ संवेदनाओं के ऐसे भावुक कवि हैं, जिन्हें कभी वर्तमान की विभीषिकाएँ कचोटती थीं तो कभी अतीत की घटनाएँ। भारतीय कर्णधारों की भूलें भी पीड़ा देतीं तो उनका हृदय विह्वल हो उठता। भावनाओं के ज्वार से लेखनी की तरंगें उठतीं और कवितामय गीतों में परिवर्तित, वर्णित हो जाती थीं।

वे मानवीय संवेदनाओं, युग की त्रासदी के आकलन के साथ-साथ देशभक्ति के मार्मिक छंद व गीतों को सँजोया करते थे। उन्होंने मुक्तक घनाक्षरी के साथ अनेक सुंदर गीतों की सफल व प्रयोगात्मक रचनाएँ कीं। उन्हें माँ वीणापाणि का अहैतुक, सरस वरदान प्राप्त था। उनके हर गीत की रसमयता काव्य-रसिक श्रोताओं को रस-विभोर कर देती थी। उनके ब्रज-काव्य में एक असाधारण गंध भरी भावुक गीतात्मकता अन्य कवियों से अलग थी, जो बहुत से गीतकारों से बड़ी थी। साथ ही उनका निश्छल व्यक्तित्व, उनकी सहज-सरल आत्मीयता सबको अपनेपन में डुबो देती थी।

अष्टछाप के कवियों जैसा ब्रजभाषा का लेखन यथोचित के साथ गंभीर भी था। श्री द्विवेदीजी ने अपने समकक्ष रचनाकारों से पृथक्, अपनी अलग धुनि के साथ स्वयं को प्रस्तुत किया। उनके खूबसूरत अलंकृत शब्दों का चयन लेखन को एक नवीन सौंदर्य प्रदान करता है। उन्होंने सदैव समाज और राष्ट्र के लिए लिखा। सामान्य-जन की पीड़ा, राष्ट्रभक्ति के भाव-जागरण, गाँव के दुःख-दर्द की कहानी, बिटिया की वेदना, माँ का लाड़-दुलार और कवि का अग्निपथ सरीखे विषयों पर उनकी लेखनी की पैनी धार अविरल चलती रही। उन्होंने सामाजिक चिंतन, राष्ट्र-बोध व बहुमुखी सृजन के सामंजस्य को शिक्षा के रूप में प्रस्तुत किया।

मुझे गौरव होता है कि मैं उनके साथ एक छोटा सा सहभागी बनकर रहा। ब्रजभाषा गीत-काव्य में श्री सोम ठाकुर, आत्मप्रकाश शुक्ल, श्यामबाबा, पं. सुरेश चतुर्वेदी, सुमनेश चतुर्वेदी, रामलला, प्रीतमदत्त चतुर्वेदी के साथ श्री द्विवेदी के काव्य व गीतों की बाँसुरी की गूँज आज भी तरोताजा है।

श्री द्विवेदी ब्रजभाषा को पूर्णतया समर्पित थे। उनसे मेरी अधिकतर भेंट हाथरस मेला श्री दाऊजी महाराज के मंच पर हुआ करती थी। उनका छरहरा बदन, दुलंगी धोती, पहुँचीदार ढीला कुर्ता, कंधे पर गमछानुमा दुपट्टा, ललाट पर सिंदूरी तिलक और मुख में तंबाखूदार सुगंधित पान एक विशिष्ट, विलग व्यक्तित्व का आभामंडल निर्मित करते थे। उन्हें अन्य कवियों के बाद मंच पर बुलाया जाता था। संचालक ने द्विवेदीजी का नाम लिया नहीं कि उत्सुक श्रोताओं की ओर से घनघोर तालियों की गड़गड़ाहट से उनका स्वागत होता था। रचना भी झूम-झूमकर तो कभी फड़क-फड़ककर सुनाया करते थे। श्रोताओं की ओर से मंच पर चढ़कर माला पहनाने की होड़ लग जाया करती थी।

उनका अमर शिल्प मानवता के शिखर पर हमेशा फहराता व प्रेरणा प्रदान करता रहेगा। द्विवेदीजी मेरे अभिन्न मित्र थे। प्रतिभा, ज्ञान, सृजन और जीवटता में वे मुझसे बहुत बड़े थे। चि. राहुल साधुवाद के पात्र हैं कि उन्होंने पिताश्री के

काव्य को खोज-खोजकर यह काव्य-ग्रंथ 'तिरंगे को कभी झुकने न दोगे' संगृहीत कर पाठकों के लिए अमरत्व प्रदान किया है। इस ग्रंथ के लिए मुझे भी दो शब्द लिखने का सौभाग्य मिला। मैं हृदय से आभार मानता हूँ और आशा करता हूँ कि इस अनुष्ठान को रसिक पाठक जब पढ़ेंगे तो उन्हें एक नई दृष्टि तो मिलेगी ही, साथ ही यह काव्य देश ही नहीं, अपितु दुनिया भर के मनीषियों को अपनी पहचान प्रदान करता रहेगा।

—कवि राधागोविंद पाठक

मेन रोड, विवेकालय,
बलदेव, मथुरा (उ.प्र.)
संपर्क : 7668682689

सुकवि शंकर द्विवेदी : दो शब्द

आज के समय में जब हमारी भावुकता नि:शेष होती जा रही है और मन-प्राणों पर एक प्रकार की जड़ता छा रही है, तब आज की सबसे बड़ी आवश्यकता है कि हिंदी की रागात्मक चेतना की काव्य धारा के पुनर्प्रकाशन द्वारा उन गीतकारों का नमन करते हुए उनके गीतों को गुनगुना कर मन-प्राणों को रसाप्लावित किया जाए और इस अंतश्चेतना के माध्यम से मन-प्राणों पर छाई जड़ता को समाप्त किया जाए। ऐसे ही सुरीले गीतकारों की पंक्ति में श्री शंकर द्विवेदी का नाम अलग से लिया जाता है।

यद्यपि विधाता ने उन्हें समय काफी कम दिया, किंतु समय कम होने के अतिरिक्त उनके द्वारा श्रेष्ठ साहित्य का सृजन करके बड़ा काम किया गया है। निस्संदेह वे हिंदी की अतिविशिष्ट परंपरा, कवि-सम्मेलनीय परंपरा के अमर गायक थे। मैंने अपने बचपन से देखा है कि भारत के विशाल जनसमुदाय में हिंदी की कवि सम्मेलनीय परंपरा का अद्भुत आकर्षण रहा है। जनसामान्य से सरोकार रखनेवाले कठिन-से-कठिनतम तथ्यों को सहज-से-सहजतम भाषा में शब्द और उसके अर्थ की परिधि के पार अपनी मधुरतम लयात्मक अभिव्यक्ति के बल पर काव्य को हमारी अंतश्चेतना तक पहुँचाना, निस्संदेह हमारे चरम आकर्षण का कारण रहा है। इसलिए इन कवियों की कविताओं में अंतर्निहित

संगीत विद्यमान है और सुकवि शंकर द्विवेदी की कविता काव्य के इस अनन्य वरदान से अछूती नहीं रही है। वाणी के वरदान हेतु वे सुंदर शब्दों में प्रार्थना करते हैं—

शब्द को दे अर्थ की संगति मधुर लय में पगी।
और स्वर में वेदना हो दीन-दु:खियों की जगी।
आभार! 'शंकर' को सदा, भव-भावना का भार दे
जयतु, जय माँ शारदे! वर दे, विनतजन तार दे!!

उनकी राष्ट्रीय रचनाएँ अपने सकारात्मक संदेश के साथ बलवीर सिंह 'रंग' की प्रसिद्ध राष्ट्रीय रचनाओं का स्मरण करा देती हैं । श्री 'रंग' ने लिखा—

न मंद तारों की कांति होगी, कभी तो धरती पे शांति होगी।
अभी तो इक और क्रांति होगी, ये सत्य है, कल्पना नहीं है!!

सुकवि 'शंकर' लिखते हैं—

बलि को पर्व समझनेवाले अपने भारतवर्ष का।
देखें कौन 'केतु' ग्रसता है, बालारुण उत्कर्ष का॥
'स्वर्गादपि गरीयसी जननी जन्मभूमि 'जिनको रही-
कोटि-कोटि आशीष स्वर्ग से देते हैं तुमको वही!!

मैं सुकवि शंकर द्विवेदीजी की स्वर्णिम स्मृतियों को अपने विनम्र प्रणाम निवेदित करता हूँ और आशा करता हूँ कि अंतश्चेतना को जगाती उनकी राष्ट्रीय रचनाओं सहित उनकी अन्य कृतियाँ शीघ्र प्रकाशित होकर, कविता-कोश अथवा वेबसाइट के माध्यम से हमारे एवं आज के युवा वर्ग के समक्ष आएँ और हमारे अंतर्मन को रसाप्लावित करके उसे पुन: साहित्यिक संस्कारों से सुसज्जित कर दें!

—डॉ. श्रीमोहन जौहरी
सहायक महाप्रबंधक (राजभाषा)
भारतीय स्टेट बैंक, लखनऊ

(डॉ. श्रीमोहन जौहरी हिंदी-साहित्य व कवि-सम्मेलन के मंचीय जगत् के 'गीत-सुकुमार' के रूप में विख्यात विश्वप्रसिद्ध गीतकार 'किशन सरोज' के संबंधी है।)

वीर-रस की अंतिम पीढ़ी के रचनाकार हैं कविवर शंकर द्विवेदी

हिंदी कविता की वाचिक परंपरा को पुष्ट करने में अपने काल के समस्त महान् साहित्यकारों का योगदान रहा है। कवि-सम्मेलन के मंच दिनकर, महाप्राण निराला, पंत, महादेवी, बच्चन आदि उन सभी कवियों के साक्षी रहे, जिन्होंने हिंदी साहित्य के इतिहास में अपना-अपना विशिष्ट स्थान बनाया है; परंतु वर्तमान हिंदी काव्य मंच पर कविता से यदा-कदा ही साक्षात् हो पाता है, जिसका प्रमुख कारण मंच पर धन का निरंतर बढ़ता हुआ प्रभुत्व है।

कीर्तिशेष शंकर द्विवेदी ने हिंदी कविता की वाचिक परंपरा को अपनी साहित्यिक रचनाओं से समृद्ध किया। ध्यातव्य है कि द्विवेदीजी वीर-रस के साथ ही शृंगार-रस की रचनाओं में भी निष्णात थे। यह विशेष रूप से उल्लेखनीय है कि आप वीर-रस के रचनाकारों में अंतिम पीढ़ी के रचनाकार थे और आपके अनंतर मंच के स्वनामधन्य कवियों ने वीर-रस को ओज का नाम देकर हिंदी कविता से वीर-रस को लुप्त करने का ही उद्योग किया।

ऐसे अनुपमेय रचनाकार, जो असमय में ही इस असार संसार से विदा हो गए, की रचनाओं का संकलन—'तिरंगे को कभी झुकने न दोगे' उनके यशस्वी सुपुत्र श्री आशीष द्विवेदी व श्री राहुल द्विवेदी के योग्य संपादन में प्रकाशित हो रहा है, जो स्वागत योग्य है। मुझे आशा ही नहीं, वरन् परम विश्वास है कि यह संकलन जहाँ शंकर द्विवेदीजी की प्रतिभा का परिचय वर्तमान साहित्य संसार से कराने में सफल होगा, वहीं आज के कवियों को रचनाकर्म का मर्म भी समझा सकेगा।

—डॉ. प्रदीप जैन

46 बी, नई मंडी, मुजफ्फरनगर (उ.प्र.)

(डॉ. प्रदीप जैन, हिंदी व उर्दू भाषा की शोध विधा के बहुचर्चित व्यक्तित्व हैं। हिंदी गीतऋषि किशन सरोज के हाल ही में प्रकाशित समीक्षा-ग्रंथ 'मैं तुम्हें गाता रहूँगा' सहित अनेक श्रेष्ठ शोध-ग्रंथों के वे समीक्षक-संपादक तथा अनेक पुस्तकों के रचनाकार भी हैं। केंद्रीय संस्कृति मंत्रालय, भारत सरकार द्वारा वरिष्ठ फेलोशिप सम्मान से सम्मानित डॉ. प्रदीप जैन को उर्दू अकादमी, उत्तर प्रदेश द्वारा 'प्रेमचंद अवॉर्ड' से भी सम्मानित किया गया है।)

मैं मथुरा की एक कवि-गोष्ठी में शंकर द्विवेदी का एक लोकगीत सुन मुग्ध हो उठा था। बाद में के.एल. जैन इंटर कॉलेज, सासनी में साथ कार्यरत रहते हुए उनकी और निकटता सहज ही प्राप्त हो गई। कन्या इंटर कॉलेज, सासनी, हाथरस (उ.प्र.) के वार्षिकोत्सव के अवसर पर वार्षिक कवि-सम्मेलन की परंपरा कविवर शंकर द्विवेदी ने ही शुरू की थी। वे स्वयं भी कवि-सम्मेलनों में दूर-दूर तक जाते थे और प्राय:

जाते ही रहते थे। उनके सासनी मंच पर हिंदी के बड़े-बड़े प्रसिद्ध कवि आते रहे, किंतु सोम ठाकुरजी से उनकी इतनी घनिष्ठता थी कि वे प्रतिवर्ष अनिवार्य रूप से आते थे।

ब्रजकोकिल सोम ठाकुर से मेरा परिचय सासनी में ही हुआ और वह द्विवेदीजी ने ही कराया था। उत्तर प्रदेश हिंदी संस्थान, लखनऊ के समारोह में और फिर महाराजा सयाजीराव विश्वविद्यालय, बड़ोदा (गुजरात) के सेमिनार में ऐसा संयोग मिला कि तीन दिन तक मैं व सोमजी एक ही कमरे में साथ-साथ ठहरे, साथ-साथ रहे और बड़ोदा से आगरा तक की रेलयात्रा भी साथ-साथ की।

शंकर द्विवेदी से सोमजी की इतनी घनिष्ठता थी कि वे रात में सोने से पूर्व उनकी याद करते थे और उनके साथ व्यतीत हुए अपने संस्मरण भी सुनाते। उसी एक रात कई घंटों तक द्विवेदीजी और श्रीमती द्विवेदी की चर्चा चलती रही।

अपने इस अभिन्न मित्र की न जाने कितनी स्मृतियाँ, उनके साथ बिताए अनमोल क्षण आज भी स्मृति में ताज़ा बने हुए हैं। शंकर द्विवेदी की स्मृतियों को सादर नमन करते हुए, उनकी शीघ्र प्रकाश्य काव्य कृति—'तिरंगे को कभी झुकने न दोगे' के प्रकाशन हेतु अपनी मंगलकामनाएँ प्रेषित करता हूँ। उनका साहित्य सृजन हिंदी साहित्य की अमूल्य निधि है तथा इसका जनमंच पर उपलब्ध होना एक बड़ी उपलब्धि है। हिंदी साहित्य व साहित्य-प्रेमियों के लिए यह किसी उपहार से कम नहीं। इस महत्त्वपूर्ण प्रकाशन पर मेरी हार्दिक बधाई व शुभाकांक्षाएँ।

—प्रो. (डॉ.) राजेंद्र रंजन चतुर्वेदी,
अतिथि प्रोफेसर,
लोकवार्त्ता पाठ्यक्रम, इंदिरा गाँधी राष्ट्रीय कला केंद्र, नई दिल्ली

(डॉ. राजेंद्र रंजन चतुर्वेदी, कुरुक्षेत्र विश्वविद्यालय, पानीपत (हरियाणा) में हिंदी विभाग में प्रोफेसर रहे हैं। श्रीविद्या कल्पलता, श्रीविद्या उपासक, शैक्षिक क्रांति, निष्ठा और निर्माण, लोकशास्त्र, सासनी सर्वेक्षण, ब्रजलोक, लोकोक्ति और लोक-विज्ञान और ब्रज लोकगीत जैसे अनेक ग्रंथों के रचयिता डॉ. चतुर्वेदी को सन् 1986

में ब्रज साहित्य में अपने अद्वितीय योगदान हेतु 'श्रीधर पाठक पुरस्कार', 'धरती और बीज' के लिए उत्तर प्रदेश हिंदी संस्थान, लखनऊ द्वारा 'आचार्य हजारी प्रसाद द्विवेदी पुरस्कार' से सम्मानित किया गया। भारत के प्रथम प्रधानमंत्री पं. जवाहरलाल नेहरू द्वारा आपको स्कॉलरशिप प्रदान कर भी सम्मानित किया जा चुका है।)

अंतर की अपार खुशियों का संदेश

अपने समय के राष्ट्रीय चेतना से भरे-पूरे और राग-विराग को समानांतर जीनेवाले बहुचर्चित कवि शंकर द्विवेदीजी के सुपुत्र राहुल द्विवेदी से यह जानकर बड़ी प्रसन्नता हुई कि वह अपने सद्प्रयासों से शंकर द्विवेदीजी की रचनाओं का एक संग्रह 'तिरंगे को कभी झुकने न दोगे' का प्रकाशन कराने जा रहे हैं। यह एक अध्यापक पुत्र की अपने कवि पिता के लिए सच्ची श्रद्धांजलि है।

शंकर द्विवेदीजी सन् 1941 में जनमे और सन् 1981 में शीघ्र ही चल बसे। मात्र 40 वर्ष की अल्पायु पाकर भी उन्होंने अपने लेखन से हिंदी साहित्य को पर्याप्त समृद्ध किया। वह 20 साल तक काव्य मंचों पर ओज के प्रमुख कवियों के रूप में छाए रहे; किंतु उस समय की पत्र-पत्रिकाओं में छपते रहने पर भी उनकी रचनाओं का कोई संकलन प्रकाश में नहीं आ पाया।

शंकर द्विवेदी के रचना संसार को इस दुर्योग की छाया से उबारकर साहित्य जगत् के सामने लाने के लिए उनके आत्मज राहुल व आशीष के प्रयास सराहनीय और प्रशंसनीय हैं। मैं देश के ऐसे बहुत से साहित्यकारों को बड़े करीब से जानता हूँ, जिनके साहित्यिक योगदान के लिए इस समाज अथवा उनके परिजन द्वारा कुछ भी सकारात्मक नहीं किया जा सका। वह काल के गाल में ही समाकर रह गए और उनका रचनाकर्म गुमनामी की भेंट चढ़ गया। बहुत कम संख्या में ऐसे सौभाग्यशाली साहित्यकार हुए हैं, जिनके लिए उनके बाद में समाज अथवा उनके परिजन द्वारा कुछ सार्थक होकर सामने आ सका है।

इस कृति के प्रकाश में आने के बाद शंकर द्विवेदीजी भी उन भाग्यशाली साहित्यकारों की श्रेणी में आ जाएँगे, जिनके लिए उनकी संतानों ने कुछ करके अपने

दायित्व का निर्वहन किया है। मेरे भीतर जितना भी शुभ है, वह सब इस कार्य में राहुल व आशीष के कदम-कदम पर साथ है। यह मेरी व्यक्तिगत अपार प्रसन्नता का विषय इसलिए है क्योंकि काव्य मंचों पर मुझे शंकर द्विवेदीजी का स्नेह से लबरेज़ सान्निध्य मिला है और उन्होंने मुझे खूब प्रोत्साहित भी किया और मंचों पर भी कई अवसर दिलाए।

इस सुखद अवसर पर मैं शंकर द्विवेदीजी की स्मृतियों को अपने श्रद्धाभाव से नमन करते हुए उनके आत्मजों को शुभकामनाएँ ज्ञापित करता हूँ कि उनके प्रयासों का सुफल 'तिरंगे को कभी झुकने न दोगे'—कृति शीघ्र प्रकाशित होकर साहित्य पटल पर दर्ज हो और वह अपने पिताश्री के शेष साहित्य को भी प्रकाश में लाने की अपनी योजनाओं को मूर्त रूप देने में सफल हों।

—डॉ. मक्खन मुरादाबादी
जे-28, नवीन नगर,
काँठ रोड, मुरादाबाद (उ.प्र.)
मो. : 9319086769
इ-मेल : makkhan-moradabadi@gmail-com

शंकर लाल द्विवेदी : आग और राग से परिपूर्ण एक अद्‌भुत व्यक्तित्व

सीमा पर धरती की रक्षा में कटिबद्ध सिपाहियों।
हर मज़हब कुर्बान वतन पर, वतन तुम्हारे साथ है॥

वीर-रस से ओत-प्रोत ये काव्य पंक्तियाँ हैं राग और आग, अर्थात् श्रृंगार और वीर-रस के असाधारण कविवर शंकर दिवेदी की; उनके प्रख्यात काव्य संग्रह—'तिरंगे को कभी झुकने न दोगे', जो कि प्रभात प्रकाशन, नई दिल्ली से शीघ्र प्रकाशित होनेवाला है। दैवयोग से इस महान् कवि का जीवन ही अत्यल्प रहा। ध्यातव्य है उन्होंने मात्र 40 वर्ष का ही जीवन पाया। लेकिन इस अल्पकाल में भी वे कई महत्त्वपूर्ण कृतियाँ व रचनाएँ हिंदी जगत को दे गए।

शंकर दिवेदी का जन्म 27 जुलाई, 1941 को अलीगढ़ जनपद स्थित ग्राम बारौली, जो कि उनकी ननिहाल है, में पिताश्री स्व. चंपाराम शर्मा और माताश्री स्व. भौती देवी के परिवार में हुआ। माता-पिता और ननिहाल के संस्कारों से उनके बाल्यकाल

का निर्माण हुआ। बचपन से ही सरस्वती की अनंत कृपा रही। श्रृंगार और वीर-रस के उच्चकोटि के कवि रहे। अल्पकाल में ही अनेक कृतियाँ दीं। अंततः 27 जुलाई, 1981 को स्वर्गारोहण कर गए। उनके उत्तराधिकारियों ने अब उनके साहित्य को ग्रंथ आकार में प्रकाशित करने का निर्णय लेकर उनके प्रति सच्ची श्रद्धांजलि अर्पित की है। मुझे आशा है हिंदी जगत् उनके साहित्य का अवगाहन कर अवश्य लाभान्वित होगा!

—साहित्यभूषण डॉ. महेश दिवाकर, डी. लिट.
सेवानिवृत आचार्य
'सरस्वती भवन'
12-मिलन विहार, देहली रोड, मुरादाबाद (उ.प्र.)

(डॉ. महेश 'दिवाकर' संप्रति गुलाबसिंह हिंदू (स्नातकोत्तर) महाविद्यालय, चाँदपुर—स्याऊ, बिजनौर (उ.प्र.) में पत्रकारिता तथा उच्च हिंदी अध्ययन विभाग में एसोशिएट प्रोफेसर एवं शोध निदेशक पद पर आसीन हैं। आप पूर्ववर्ती महात्मा ज्योतिबाफुले, रुहेलखंड विश्वविद्यालय, बरेली (उ.प्र.), जे.जे.टी. विश्वविद्यालय, जयपुर (राज.) श्री वेंकटेश्वर विश्वविद्यालय, गजरौला, अमरोहा (उ.प्र.) में भी हिंदी प्रध्यापन से संबद्ध रहे हैं।)

अनोखी जीवन-शैली व कार्यशैली के धनी व्यक्तित्व : पूज्य गुरुवर शंकर द्विवेदी

यह मेरे लिए अत्यंत गौरव का विषय है कि देश के प्रख्यात प्रकाशक 'प्रभात प्रकाशन' द्वारा मेरे श्रद्धेय गुरुदेव स्व. शंकर द्विवेदी की अनेक भावपूर्ण कविताओं का एक काव्य-संग्रह आज़ादी के अमृतकाल की स्वर्णिम वेला में शीघ्र प्रकाशित होने जा रहा है। एक सच्चे देशभक्त, वीर तथा ओज के कवि एवं एक कर्तव्यनिष्ठ शिक्षक की अनेकानेक रचनाओं को समाहित करते हुए प्रकाशित होनेवाला यह संग्रह उनके प्रति सच्ची श्रद्धांजलि का द्योतक है। मैं यहाँ उल्लेख करना आवश्यक समझता हूँ कि उनका सान्निध्य मुझे कैसे प्राप्त हुआ ? श्री द्विवेदी 1976-1977 के मध्य ब्रजबिहारी महाविद्यालय, कोसीकलाँ में हिंदी विभागाध्यक्ष के पद पर आसीन थे। उन्हीं दिनों मैं भारत पर्यटन विकास निगम के हाइवे स्थित कोसी टूरिस्ट कॉम्प्लेक्स में पदस्थ था। अपने मुख्यालय से प्राप्त निर्देशों

के अनुसार 'हिंदी दिवस' के अवसर पर मुझे एक कार्यक्रम आयोजित कराने का आदेश प्राप्त हुआ। इसी के अनुपालन में मैं अपने नगर के प्रख्यात कवि स्व. द्विवेदी से मिलने उनके महाविद्यालय में पहुँच गया। प्रथम भेंट में ही द्विवेदीजी के प्रति मेरा हृदय सम्मान से भर गया। मेरे आग्रह को स्वीकारते हुए उन्होंने अपने संयोजकत्व में एक भव्य कवि-सम्मेलन का आयोजन कराया, जो अत्यधिक सराहनीय व सफल रहा। इस आयोजन में श्री द्विवेदी का योगदान इतना प्रशंसनीय व सराहनीय था कि मुख्यालय ने उन्हें राजभाषा कार्यान्वयन समिति का सम्मानित सदस्य नियुक्त कर दिया।

आगे चलकर उनके मार्गदर्शन में ही हिंदी साहित्य में मेरी उच्च शिक्षा स्नातक से परास्नातक तक पूर्ण हुई। अत: मैंने उन्हें मित्र से गुरु की उपाधि से सम्मानित कर 'गुरुजी' कहकर संबोधित करना आरंभ कर दिया। मेरे जैसे अनेक लोगों को उन्होंने उच्च शिक्षा में पारंगत करवाया, ऐसी ही अनोखी थी उनकी जीवन-शैली तथा कार्यशैली। मैं श्रद्धेय गुरुजी की स्मृतियों को सादर नमन करते हुए उनके प्रकाशित हो रहे काव्य-संग्रह हेतु अपनी शुभकामनाएँ देता हूँ। जय श्रीकृष्ण!

—टी.पी. त्रिपाठी

पूर्व सहायक संचालक,

(जनसंपर्क एवं सूचना विभाग, छत्तीसगढ़ शासन)

राष्ट्र के प्रति समर्पित कविताएँ

श्री शंकर द्विवेदी एक प्रबुद्ध अध्यापक, अच्छे इंसान और संवेदनशील कवि थे। 'तिरंगे को कभी झुकने न दोगे'—उनकी सर्जना की बहुमूल्य सौग़ात है। श्री द्विवेदी ओजस्वी स्वर में काव्य-पाठ करते हुए राष्ट्रीय चेतना के उभार-प्रसार के लिए चर्चित रहे हैं। इस संग्रह में भी शहीदों और देश के लिए अपने प्राण न्योछावर करनेवाले वीरों के प्रति अगाध श्रद्धाभाव है। लेकिन ये रचनाएँ भावोच्छ्वास मात्र नहीं हैं, उनमें कवि का सुचिंतित विज़न भी संश्लिष्ट है। उनका युद्ध-चिंतन जहाँ तार्किक है, वहीं सोद्देश्य भी है। उनकी सकारात्मक दृष्टि है कि युद्ध शांति के लिए होना चाहिए—'*युद्ध, केवल युद्ध क्षमतावान है, शांति का दीपक जलाने के लिए।* कवि की पहली प्रतिबद्धता राष्ट्र के प्रति है और राष्ट्र के विपन्न उत्पीड़ित जन की

पीड़ा उससे अनदेखी नहीं रही है। 'ताजमहल' और 'गाँधी-आश्रम' पर लिखी कविताएँ इस संदर्भ में पठनीय हैं।

इस काव्य-संग्रह की कविताएँ कई दशक पूर्व लिखी गई हैं, लेकिन आज के अवमूल्यन के दौर में इनका केंद्रीय स्वर बहुत काम का है। श्री द्विवेदी के पुत्रों ने इसे प्रकाशित कराकर अपनी निजी धरोहर को सार्वजनिक किया है, इसके लिए वे साधुवाद और आशीर्वाद के पात्र हैं। यह संग्रह हिंदी कविता के पाठकों और आलोचकों को प्रीतिकर लगेगा, इसमें संदेह नहीं है।

—डॉ. वेदप्रकाश अमिताभ
भूतपूर्व विभागाध्यक्ष, हिंदी विभाग
धर्म समाज महाविद्यालय, अलीगढ़ (उ.प्र.)

आवास
डी–131, रमेश विहार
अलीगढ़ (उ.प्र.)
दूरभाष : 9837004113

❖

शंकर भाई से मेरी बहुत अधिक भेंटें तो नहीं हुई हैं, लेकिन जितनी भी हुई हैं वे बहुत सारगर्भित भेंटों के रूप में गिनी जा सकती हैं। ब्रजभाषा के कवि के रूप में तो वे अप्रतिम थे ही, इसमें तो कोई संदेह ही नहीं है, पर एक इंसान के रूप में भी वे श्रेष्ठ व्यक्तित्व के धनी थे। अत्यधिक स्नेहिल व मृदुल स्वभाव के थे, अपने अनुजों पर भी विशेष स्नेह रखते थे। उनके काव्य प्रकाशन के इस मंगलमय अवसर मेरी हार्दिक शुभकामनाएँ।

—सुरेंद्र सुकुमार
(सुप्रसिद्ध हास्य-व्यंग्यकार व कवि)

 हिंदी साहित्य के पुरोधा कवि स्व. शंकर द्विवेदी की शीघ्र प्रकाशित काव्य-कृति 'तिरंगे को कभी झुकने न दोगे'—हिंदी साहित्य में एक मील का पत्थर साबित होगी। मेरी लगभग 44 साल की काव्य-यात्रा में शंकर द्विवेदीजी जैसे महान् कवि कम ही मिले। योग्य शिक्षक, सुयोग्य कवि, उच्च कोटि के साहित्यकार, मेरे परम प्रिय स्व. द्विवेदीजी की

जीवन-शैली बहुत सामान्य थी। मैंने उनके साथ कई कवि सम्मेलनों में काव्य-पाठ किया। उनका काव्य पढ़ने का तरीका और शब्द-शिल्प बहुत ही प्रभावित करता था। मुझे प्रसन्नता इस बात की है कि उनके पुत्र राहुल द्विवेदी ने बड़ी लगन और मेहनत से 'तिरंगे को कभी झुकने न दोगे'—पुस्तक प्रकाशन में लाकर, हम सबको और हिंदी साहित्य के क्षेत्र में काम करनेवाले हर व्यक्ति को एक धरोहर उपलब्ध कराने का स्तुत्य प्रयास किया है। मैं बधाई देता हूँ चि. राहुल द्विवेदी व चि. आशीष द्विवेदी को कि वे अपने पिताश्री के नाम को और आगे तक ले जाएँ। मेरी मंगलकामनाएँ आपके व आपके परिवार के साथ हैं।

—मंजुल 'मयंक'

हास्य एवं व्यंग्य कवि, फिरोजाबाद (उ.प्र.)

मैं अकिंचन स्वयं को धन्य समझ रहा हूँ, के.एल. जैन इंटर कॉलेज, सासनी (हाथरस) में वर्ष 1969 एवं 1970 में एकादश व द्वादश कक्षा के अपने श्रद्धेय गुरु व प्रेरणास्रोत, ओजमयी वाणी, दृढ़ एवं अदम्य व्यक्तित्व के धनी, मूर्धन्य कवि श्रीयुत शंकर द्विवेदी की कालजयी रचनाओं के प्रकाशन के अवसर पर दो शब्द लिखते हुए।

नारियल सदृश व्यक्तित्व (ऊपर से कठोर और अंदर से कोमल, मधुर एवं हितकारी) उनके काव्य-सृजन में स्पष्टतया परिलक्षित होता है। वीर-रस एवं शृंगार-रस पर अद्भुत काव्याभिव्यक्ति। सामाजिक वैषम्य और शोषण के धुर-विरोधी, मंच से संबोधित करते थे तो हुंकार-सी लगती थी।

उनकी कालजयी रचनाओं के प्रकाशन की कल्पना मात्र से लगता है कि वर्षों के साहित्यिक तिमिर में अब सूर्योदय होगा, आधुनिक कवि समझ सकेंगे कि कविताओं का एक दौर ऐसा भी हुआ करता था—'प्यार पनघटों को दे दूँगा', 'ताजमहल', 'निर्मला की पाती', 'गाँधी-आश्रम' इत्यादि बेजोड़ रचनाएँ।

ताजमहल बनवाने वाले और बनाने वालों की मनोदशा और व्यथा की मार्मिक अभिव्यक्ति—

> शाहजहाँ के तप्त अधर, मुमताज महल के—
> सुर्ख-नरम चिकने अधरों पर फिसले होंगे।

ठीक उसी क्षण, पर्णकुटी में नतशिर बैठे-
दंपति अपनी दरिद्रता पर व्याकुल, विस्मित,
बुझी राख चूल्हे की लकड़ी से कुरेदकर—
ठंडी आहें भरते होंगे, या फिर चिंतित॥

वॉलीबॉल और कबड्डी गुरुजी के प्रिय खेल थे और मेरे भी। मैं केवल द्विवेदीजी का ही स्नेहभाजन नहीं था, उनकी जीवन-संगिनी स्व. श्रीमती कृष्णा द्विवेदी भी मुझसे स्नेह रखती थीं।

मैं भूरि-भूरि प्रशंसा करता हूँ उनके पुत्रद्वय प्रिय आशीष द्विवेदी व राहुल द्विवेदी की, जो इस कार्य को पूर्ण करने के लिए संकल्पबद्ध हैं। साधुवाद देता हूँ प्रिय शिवकुमार गौतमजी को, जो समर्पित भाव से इस पुनीत कार्य में सहयोग कर रहे हैं।

पूज्य गुरुजी को हृदय से नमन करते हुए, उनकी काव्य-रचनाओं के प्रकाशन के लिए शुभकामनाएँ प्रेषित कर रहा हूँ, स्वीकार करें।

—डॉ. डी.एन. शर्मा

सदस्य : न्यायालय, किशोर न्याय बोर्ड, बरेली (उ.प्र.)

(भू.पू. छात्र के.एल. जैन इंटर कॉलेज, सासनी)

राष्ट्रीय चेतना के संवाहक : गुरुदेव शंकर द्विवेदी

मेरे परम श्रद्धेय गुरुवर श्री शंकर द्विवेदी की रचनाओं का काव्य-संग्रह 'तिरंगे को कभी झुकने न दोगे' का प्रकाशन उनके सुपुत्रों श्री आशीष व श्री राहुल के अथक परिश्रम का परिणाम है। इस संग्रह का शीर्षक राष्ट्रीय चेतना का संवाहक एवं राष्ट्र प्रेम की भावना को तरंगित करनेवाला प्रबल प्रवाह उत्पन्न करता है। इस संग्रह की रचनाओं का काल सन् 1962 से सन् 1972 के मध्य
का है। आशा है इस ग्रंथ की वीर-रस से परिपूर्ण कविताएँ नई पीढ़ी के लिए पाथेय बन सकेंगीं। कवि की आत्मानुभूति का प्रस्फुरण काव्य के रूप में परिलक्षित होता है।

आदरणीय कविवर श्री शंकर द्विवेदी मानव-भावना, अनुभूति, प्राणों की ज्वाला तथा जीवन-संघर्ष के पथ-प्रदर्शक के रूप में हैं। उनकी रचनाओं में राष्ट्रीय चेतना का स्वर प्रखर रूप से प्रस्फुटित हुआ है। यह काव्य-संग्रह साहित्य जगत् में नए कवियों एवं काव्य प्रेमियों के लिए दिशा-निर्देश प्रदान करेगा।

बहुमुखी प्रतिभा के धनी रचनाकार (कवि हृदय), खिलाड़ी, चिंतक,

स्वाभिमानी, अलमस्त (फक्कड़), प्रखर चेतनावान, उदारमना, कर्मठ एवं सहजता आदि गुणों से परिपूर्ण, सरलता की प्रतिमूर्ति परमादरणीय द्विवेदीजी एक आदर्श शिक्षक भी रहे हैं। उनकी कविता 'शीश कटते हैं, कभी झुकते नहीं' जब हम उनकी ओजस्वी वाणी में उनके मुखारविंद से सुनते थे तो भुजाएँ फड़कने लगतीं तथा दिल हुंकार कर उठता था। मैंने श्री ब्रजबिहारी डिग्री कॉलेज, कोसीकलाँ, मथुरा में स्नातक की शिक्षा वर्ष 1971–72 एवं वर्ष 1972–73 में उनके सान्निध्य में रहकर प्राप्त की। उसकी अमिट छाप आज भी हमारे जीवन को प्रकाशमान किए हुए है। जो ज्ञान उन्होंने मुझे प्रदान किया, मैं इस हेतु उनका चिर-ऋणी रहूँगा।

इन्हीं विचारों के साथ 'तिरंगे को कभी झुकने न दोगे'—काव्य संग्रह के सफल प्रकाशन के लिए मैं अपनी शुभकामनाएँ प्रस्तुत करता हूँ। प्रिय राहुल व आशीष को उनके सद्प्रयासों हेतु पुन: धन्यवाद व बधाई।

—डॉ. नारायण सिंह

(भू.पू. प्रधानाचार्य)

श्री राधाकृष्ण इंटर कॉलेज, उस्फार, मथुरा (उ.प्र.)

मेरे श्रद्धेय गुरुदेव : मूर्धन्य कवि स्व. शंकर द्विवेदी

प्रात: स्मरणीय, मेरे आराध्य, कवि-शिरोमणि श्रीयुत शंकर द्विवेदी के दर्शन 1970 के एक कवि-सम्मेलन में हुए, जिसमें मुझे उनकी कालजयी रचनाएँ 'ताजमहल' तथा 'शीश कटते हैं, कभी झुकते नहीं' सुनने का सौभाग्य प्राप्त हुआ। उस समय मैं स्नातक के प्रथम वर्ष में था। सौभाग्यवश, अगले ही  वर्ष स्नातक के अंतिम वर्ष में जब द्विवेदीजी हिंदी विभागाध्यक्ष के पद पर मेरे ही महाविद्यालय ब्रजबिहारी डिग्री कॉलेज, कोसीकलाँ, मथुरा में प्रतिष्ठित हुए तो मेरे उल्लास का ठिकाना न रहा। उनका अति निकटस्थ व अतिप्रिय शिष्य होने के नाते, मैंने उनसे हिंदी साहित्य का भरपूर ज्ञानार्जन किया। शिक्षालय के अतिरिक्त भी मुझे उनका सान्निध्य मिला। मैं केवल एक वर्ष ही विद्यालय में उनके छात्र के रूप में रहा, परंतु अपनी आजीविका अर्जन के संदर्भ में विभिन्न स्थानों पर पदस्थ रहने के दौरान व उनके असामयिक देहावसान से कुछ समय पूर्व तक भी मुझे उनका दर्शन-लाभ निरंतर प्राप्त होता रहा। उनका आशीर्वाद तो मुझे आज भी प्राप्त है तथा उनकी रचनाओं की अमिट छाप जीवनपर्यंत मेरे अंतस पर स्वर्णाक्षरों में चिर-अंकित

हो चुकी है। वे मेरे शिक्षक ही नहीं, मेरी आत्मा के भी गुरु हैं।

बड़े लंबे समयांतराल पश्चात् मुझे उनके सुपुत्रों आशीष व राहुल का संपर्क उपलब्ध हो पाया है। उनसे ज्ञात हुआ कि दोनों ने पूज्य गुरुवर के साहित्य को हिंदी जगत् के समक्ष लाने का दृढ़ निश्चय लिया है, जो कि मेरी भी प्रबल अभिलाषा है। गुरुदेव हिंदी साहित्य के एक ऊर्जावान सर्जक रहे हैं। अल्पायु में ही उन्होंने हिंदी काव्य के अनेक पक्षों का प्रतिनिधित्व किया, यथा ओज, वीर-रस, श्रृंगार-रस, राष्ट्रीय एवं सामाजिक चेतना, सांस्कृतिक जागृति इत्यादि—

धिक्, हमारी सभ्यता के वर्तमान विकास!
धिक् हमारी परिधि का सिमटा हुआ यह बिंदु!!
मान्यता अस्थिर लहर को दे रहे हैं हम,
काँपते हैं तब, कि जब हम तैरते हैं सिंधु॥

उनके काव्य का एक और दृष्टांत पठनीय है—

धारा को बहना है, आखिर गति ही तो उसका जीवन है।
लेकिन, बहें संयमित होकर कूलों का दायित्व यही है॥
अगर किनारों के मन पर ही, रंग असंयम का चढ़ जाए—
तो फिर धारा का ऊपर से होकर बहना बहुत सही है॥

श्रद्धेय के काव्य में मानवीय गुणों का सटीक चित्रण बरबस ध्यानाकर्षण कर लेता है—

चुभो, तो तुम शूल, खिलो, तो तुम फूल॥
गुणानुकूल नाम, वैसे-सब धूल॥

उनका काव्य-चिंतन आग से राग तक पहुँचता है। मैं अकिंचन उनके साहित्य की समीक्षा नहीं कर सकता। गुरुपुत्रों द्वारा किए जा रहे प्रयासों को नमन करता हूँ तथा गुरुदेव के काव्य-संग्रह—'तिरंगे को कभी झुकने न दोगे' के प्रकाशन के निमित्त अपनी शुभकामनाएँ प्रेषित करता हूँ। मेरे लिए यह भी अतीव सौभाग्य है कि उनकी कृतियों के प्रकाशन रूपी महायज्ञ में, मैं भी अपना अल्प-सा योगदान दे रहा हूँ। अंत में गुरुदेव की चरण-वंदना में कवि-श्रेष्ठ श्रीयुत उदयप्रताप सिंहजी की पंक्तियों से श्रद्धा व्यक्त करता हूँ—

युग-युग तक उनकी मिट्टी से फूलों की खुशबू आएगी—
जिनका ध्येय रहा है, पथ में काँटे चुनना, कलियाँ बोना॥

—शिवकुमार गौतम
677, सैक्टर 22-बी, गुरुग्राम (हरियाणा)

यशशेष साहित्यकार श्री शंकर द्विवेदीजी को करबद्ध नमन, सादर श्रद्धांजलि। उनकी रचनाओं का, उनकी भावनाओं का 'तिरंगे को कभी झुकने न दोगे' शीर्षक से पुस्तक के रूप में प्रकाशन बहुत सुखद और शुभ है। इससे निस्संदेह हिंदी साहित्य जगत् और हम सबके गौरव और सौभाग्य में वृद्धि ही होगी। हृदयतल से कोटिश: मंगल-कामनाएँ!

—डॉ. सुशीला शील, जयपुर (राज.)

(सुप्रसिद्ध कवयित्री)

युगबोध का साक्षात् दर्पण है
शंकर द्विवेदी की यह श्रेष्ठ काव्य-कृति

मुझे यह जानकर हार्दिक प्रसन्नता हुई कि खड़ी बोली और ब्रजभाषा के सशक्त कवि स्व. शंकर द्विवेदी का काव्य संकलन—'तिरंगे को कभी झुकने न दोगे' प्रभात प्रकाशन, नई दिल्ली से प्रकाशित किया जा रहा है। उल्लेखनीय है कि पद्मश्री आचार्य क्षेमचंद्र 'सुमन' द्वारा प्रणीत आकार ग्रंथ—'दिवंगत हिंदी सेवी' के तृतीय खंड में द्विवेदीजी का परिचय समाविष्ट है। आचार्य 'सुमन' के

जीवनकाल में इस ग्रंथ के प्रथम व द्वितीय खंड ही प्रकाशित हुए थे। तृतीय खंड के प्रकाशनार्थ कार्य चल रहा है।

मैं अपना परम सौभाग्य मानता हूँ कि श्री के.एल. जैन इंटर कॉलेज, सासनी, हाथरस (उ.प्र.) में मुझे उनसे इंटरमीडिएट कक्षाओं में हिंदी विषय पढ़ने का सुअवसर प्राप्त हुआ था। मैं उनके प्रिय शिष्यों में से एक था। हिंदी काव्य-प्रणयन में वे मेरे प्रेरणास्रोत रहे हैं।

प्रस्तुत काव्य-कृति उनकी सशक्त काव्य-प्रतिभा का पुष्कल प्रमाण है। इसकी सभी रचनाओं में राष्ट्रभक्ति की पावन भागीरथी का कल-कल निनाद स्पष्टत: सहज रूप में ध्वनित होता है। ओजस्वी भाषा की रवानगी, छंदों का अनुशासनबद्ध प्रयोग, आशा-उत्साह और ओज का प्रभावी संचार पाठक को बेहद प्रभावित करते हैं।

यथा परिवेश बिंबों, प्रतीकों और मिथकों का जो संश्लिष्ट प्रयोग किया गया है, वह निश्चय ही अनूठा और प्रशंसनीय है। वह शोध के नए द्वार खोलता है।

मुझे आशा ही नहीं, पूर्ण विश्वास है कि हिंदी काव्य जगत इस काव्य-कृति का उन्मुक्त हृदय से स्वागत करेगा।

—डॉ. इंद्र सेंगर
30/106, गली नो 107,
विश्वास नगर, शाहदरा, दिल्ली-110032
मो. : 9911190634
इ-मेल : drindrasengar@gmail.com

अपार हर्ष का विषय है कि हिंदी व ब्रजभाषा के मूर्धन्य कवि स्व. शंकर द्विवेदी कृत राष्ट्रीय-सांस्कृतिक चेतना पर आधारित उनका ओजमयी काव्य-संग्रह 'तिरंगे को कभी झुकने न दोगे' (देशभक्ति के पावन गीत) का प्रकाशन किया जा रहा है। इस हर्ष के साथ ही मेरे लिए यह भी गौरव का विषय है कि उनके सुपुत्र श्री राहुल द्विवेदी मेरे विद्यालय में ही हिंदी शिक्षक के पद पर कार्यरत हैं एवं यह संग्रह उनके कुशल संपादन में संपादित हुआ है। मैं अपनी ओर से तथा समस्त विद्यालय—परिवार व डीपीएस—परिवार की ओर से उन्हें इस पुनीत कार्य हेतु शुभकामनाएँ व बधाई देता हूँ। साथ ही परमपिता परमेश्वर से यह मंगलकामना करता हूँ कि संकलित कविताओं की उत्कृष्टता व श्रेष्ठता की भाँति ही 'तिरंगे को कभी झुकने न दोगे' नामक यह काव्य-संकलन भी श्रेष्ठता की मनोरम मीनार में अपनी आभा प्रकीर्ण करे।

शुभम् अस्तु।

—डॉ. जनार्दन पांडेय
प्राचार्य
दिल्ली पब्लिक स्कूल, विंध्यनगर
एन.टी.पी.सी. विंध्याचल
सिंगरौली (म.प्र.)

सरस्वती वंदना

जयतु, जय माँ शारदे!
वर दे, विनतजन तार दे। जयतु, जय माँ शारदे!

तेज पुंज, प्रचंड रवि,
डूबा गहन तम-तोम में।
छा गए घन हो सघन,
नव-नील तारक व्योम में।
दृष्टि-पथ आलोक मंडित हो, स्वहंस उतार दे॥
जयतु, जय माँ शारदे! वर दे, विनतजन तार दे॥ 1॥

हो गए संस्कार च्युत,
ये आर्य-जन इस देश में।
घूमते-फिरते दशानन
साधुओं के वेश में।
भग्न है प्रतिमा, पुजारी को विशुद्ध विचार दे॥
जयतु, जय माँ शारदे! वर दे, विनतजन तार दे॥ 2॥

एक दिन, थी गूँजती—
ध्वनि वेद-मंत्रों की जहाँ।
हाय! ये पन्ने फटे हैं—
राम-चरितों के वहाँ।
मुक्त स्वर, लहरे जननि! हृत्बीन को झनकार दे॥
जयतु, जय माँ शारदे! वर दे, विनतजन तार दे॥ 3॥

पंछियों को मुक्त विचरण–
            की रही सुविधा नहीं।
भीत हैं, टूटें न उनके,
            पंख टकराकर कहीं।
क्षुद्र अंतःव्योम को, फिर से अमित विस्तार दे॥
            जयतु, जय माँ शारदे ! वर दे, विनतजन तार दे॥ 4॥

शब्द को दे अर्थ की–
            संगति मधुर लय में पगी।
और स्वर में वेदना हो–
            दीन–दुःखियों की जगी।
आभार ! 'शंकर' को सदा, भव–भावना का भार दे॥
            जयतु, जय माँ शारदे ! वर दे, विनतजन तार दे॥ 5॥

□

यहाँ हर हृदय का स्वागत, सदा होता हृदय से है।
मगर ललकार का स्वागत, सदा तलवार करती है॥
तुम्हें कर तो क्षमा देते, मगर बदला चुकाने को-
हमारे देश की धरती हमें लाचार करती है॥

वतन तुम्हारे साथ है

सीमा पर धरती की रक्षा में कटि-बद्ध सिपाहियो!
हर मज़हब कुरबान वतन पर, वतन तुम्हारे साथ है।।

चढ़कर आनेवाले वैरी को देना चेतावनी,
'गीता' और 'कुरान' साथ हैं, घर-द्वारे हैं छावनी।
बूढ़ा नहीं हिमालय, उसका यौवन तो अक्षुण्ण है,
संयम का यह देश, यहाँ का बच्चा-बच्चा 'कण्व' है।।

मसि से नहीं, रक्त से जिसका रचा गया इतिहास हो,
बहुत असंभव कण क्या, उसका अणु भी कभी उदास हो।
जिस पर जनम धन्य होने को ललचाए अमरावती,
उषा-निशा, रवि-शशि के स्वर्णिम मंगल-घट हों वारती।।

'रक्षाबंधन' जैसा मंगलमय त्योहार मने जहाँ,
कोई नहीं अकेला, सबके साथ करोड़ों हाथ हैं।। 1।।

माथा दुखे अगर पूरब का, अँखियाँ भरें पछाँह की,
बाट जोहता रहता सागर, हिमगिरि के प्रस्ताव की।
प्राणाधिक प्रिय हमें रही है, माटी अपने देश की,
अनुमति लेनी होगी आँधी को भी यहाँ प्रवेश की॥

बलि को पर्व समझनेवाले अपने भारतवर्ष का-
देखें—कौन 'केतु' ग्रसता है, बालारुण उत्कर्ष का?
'स्वर्गादपि गरीयसी जननी-जन्मभूमि' जिनको रही-
कोटि-कोटि आशीष स्वर्ग से देते हैं तुमको वही॥

अपनी संगीनों से तुमने गाथा जो लिख दी वहाँ-
कल-कल स्वर से गाते-रमते अविरल धवल प्रपात हैं॥ 2॥

तिरंगे को कभी झुकने न दोगे

शांति का दीपक जलाने के लिए

(1)

विहँस आहुतियाँ जिन्होंने दीं, वही-
आज धूमाकुल नयन भरने लगे।
अग्नि का सत्कार जो करते रहे-
आँसुओं का आचमन करने लगे।।

(2)

नग्न-तन पर कीटवत्, धिक् राजमद,
देश के सम्मान पर थोपा गया।
काटकर बलिदान का सूरजमुखी,
संधि का, कटु कनक-तरु रोपा गया।।

(3)

विकसने पर फूल, खादी के सदृश,
शुभ्र होंगे, मानता हूँ मैं इसे।
किंतु आस्वादन, जनक विक्षिप्ति का-
और फल के शूल, प्रिय होंगे किसे?

(4)

संधि थी या दुरभि-संधि, पता नहीं?
तुम शिखाएँ बाँधकर चलते बने।
ठीक है, विस्तार तो कम हो गया,
उग रहे हैं कुछ प्रबल अंकुर घने।।

(5)

सूचिकाएँ देह में चुभती रहें,
किंतु पीड़ा-भास प्राणों को न हो।
शत्रु सीमा-क्षेत्र हथियाता रहे-
और 'जन-गण-मन' अधीराहत न हो॥

(6)

वैधता अपनी स्वयं ही आँक लो,
आत्म-हुत, यजमान के हस्ताक्षर!
आँख में पानी भरो, लो देख लो-
मोर्चे फिर जम गए आदर्श पर॥

(7)

'युद्धाय कृत निश्चयः'-इस श्लोक का,
लोग तो अनुवाद करने लग गए।
अक्षरों को नोंचनेवाले- 'अधम',
एक हम हैं, स्वप्न देखा, जग गए॥

(8)

धूप को बदनाम करते यात्रियो!
ये तुम्हारे आचरण से खिन्न हैं।
मिट नहीं पाए, इसी पथ पर अभी-
देखते हो, सैकड़ों पदचिह्न हैं॥

(9)

ईर्ष्या जनती ललौंहे द्वेष को,
देखते हैं द्वंद्व, कुछ इस मोद में;
कुछ कुतूहल को पिलाते हैं सुधा,
कौन है, जो आग को ले गोद में?

तिरंगे को कभी झुकने न दोगे

(10)

शीत से सब अंग हो जाएँ शिथिल,
रक्त का संचार जब अवरुद्ध हो।
श्वास लें, तो प्राण अकुलाने लगें-
हंस जैसे हो गया शर-विद्ध हो॥

(11)

आग केवल आग, थोड़ी या बहुत-
चाहिए तन को तपाने के लिए।
युद्ध, केवल युद्ध है संजीवनी,
राष्ट्र का गौरव बचाने के लिए॥

(12)

सूर्य तो है-योजनों आकाश पर,
और ढलने में प्रभूत विलंब है।
यह तुम्हारे ही घृणित दुष्कृत्य के-
स्याह जल में, सूर्य का प्रतिबिंब है॥

(13)

चूड़ियों को तोड़कर उसने अभी-
श्वेत वस्त्रों से ढका था-देह को।
ढीठ! दर्पण सामने क्यों रख दिया?
मिल गया यह तो निमंत्रण-नेह को॥

(14)

राखियों के पर्व पर सौदागरो!
द्वार से सिमटी खड़ी, अपलक नयन,
वेदना की थाह तो मापी नहीं;
पूछ बैठे—'राखियाँ…' लोगी बहिन!'

(15)

काँपता आँचल, हथेली में कसा,
हिलकियों को थामता ही रह गया।
हूकता अवसाद, बादल सा घुमड़-
अश्रु बनकर, म्लान मुख पर बह गया॥

(16)

लड़खड़ाते पाँव-लौटे, जड़ हुए,
ओठ अभ्यासी पुकारे 'ओ बिरन'!
बाँह बिखरीं शून्य आँगन में, जहाँ
झुर्रियों वाली उमर ने दी शरण॥

(17)

और तुम टूटी पड़ीं सब चूड़ियाँ-
बीनते, पथ पर उधर चलने लगे।
मोल ले कोई जहाँ, कुछ दे तुम्हें,
ये गलें, तो और कुछ ढलने लगे॥

(18)

नीतियों का मान रखने के लिए-
कर दिया अपमान उस इतिहास का।
रीतियों ने भोजपत्रों पर जिसे-
रक्त से लिख-लिख, युगों संचित रखा॥

(19)

जन्मदिन पर नीति के, सब रीतियाँ,
दे गईं आशीष- चिर्-जीवन जिए।
अर्थ इसका यह न था कि पिशाचिनी-
रक्त उनका आँजुरी भर-भर पिए॥

(20)

रक्त? हाँ, यह रीतियों का रक्त है,
माँग में भरती जिसे हठवादिता।
तनिक सा संकेत दे, तो आँख में-
धूल को भी आँज लेती वीरता॥

(21)

अंक में भर, हाथ में आँचल लिये,
पोंछती थी नेह से मुख-भाल को।
चूम लेती थी पुलक जलते अधर,
अनमना सा देख, माँ जिस लाल को॥

(22)

'राम-लक्ष्मण', 'भीम-अर्जुन' की कथा-
माँ अगर सोते समय कहती नहीं।
तो उतर पर्यंक से, कुछ कुनमुना,
धूल में जो लेट जाता था वहीं॥

(23)

लाल देकर लाख के घर में जमे-
अंध बौनो! चेतना से काम लो।
रक्त की उष्मा जिलाए है जिन्हें,
उन कपोतों का कहा तो मान लो॥

(24)

वन्य जीवों को हृदय का स्नेह दो,
यह तपोवन-वासियों का धर्म है।
हिंस्र-पशु बाधा न डालें शांति में,
इसलिए प्रतिबंध ही सत्कर्म है॥

(25)

आग, दहकी आग ही उपयुक्त है-
हिंस्र-पशुओं को डराने के लिए।
युद्ध, केवल युद्ध क्षमतावान है-
शांति का दीपक जलाने के लिए॥

(3 नवंबर, 1966)

□

तिरंगे को कभी झुकने न दोगे

तुम काश्मीर के लिए न शमशीरें तानो

(1)

हम मानवीय तत्त्वों के सच्चे साधक हैं,
है प्रबल बहुत सम्मान हमारा, सच मानो।
अपने नापाक इरादों पर संयम रख लो,
तुम काश्मीर के लिए न शमशीरें तानो॥

(2)

हर बात अगर कहने वाली ही हुआ करे,
संकेतों के जीवन पर बिजली गिर जाए।
घुट जाए रहस्यों की गलियों में निरा धुआँ,
गंभीर विचारों के सपने ही मर जाएँ॥

(3)

कल जने पूत, घुटनों के बल चल पाए हो,
पैरों पर होना खड़ा, सीख तो लो पहले।
जो हाथ सहारा तुम्हें आज दे-देते हैं,
कल क्या मालूम, उन्हें कोई विषधर डँस ले॥

(4)

फिर समय किसी का सगा नहीं मेरे भाई,
ख़ूनी पंजा है—परिवर्तन के हाथों में।
इतना निश्चित है, विजय सत्य की होती है,
कुछ तथ्य नहीं बेतुकी-बहकती बातों में॥

(5)

हम बार-बार समझाते तुमको आए हैं,
क्यों व्यर्थ मृत्यु को स्वयं निमंत्रण देते हो?
शायद कब्रों के लिए जगह की कमी पड़े-
औरों के घर पर नज़र गड़ाए रहते हो?

(6)

हर पंथ किया, वेदों ने सदा प्रशस्त हमें,
सब कुछ ईश्वर का दिया हुआ है धरती पर।
हम भागधेय औरों का लेते नहीं कभी-
दावा न किसी का होने देंगे-मिट्टी पर॥

(7)

वैसे कुपात्र को दान दिया तो नहीं कभी,
बनकर फ़क़ीर तुम अगर द्वार पर आए तो-
तुमको समोद, थाली तक अर्पित कर देंगे,
लेकिन, जासूसी-फंदा कोई लाए, तो-

(8)

जो अंडे, कर विद्रोह परिधि से निकल गए,
विख्यात, सर्पिणी उन्हें स्वयं ही खा लेगी।
जिसको पाला था दूध पिलाकर सीने का-
माँ उसे उढ़ाकर कफ़न, बहुत है रो लेगी॥

(9)

निर्द्वंद्व शांति के गीत हमें गा लेने दो-
मत करो कभी मजबूर कि भैरव में गाएँ।
क्या होगा, हर कवि रूप धरे यदि 'भूषण' का?
फिर 'रासो' रचने 'चंद' धरा पर आ जाएँ॥

(10)

'अकबर' के लिए गीत, श्रद्धा से लिख देंगे-
गा देंगे, यह विश्वास कभी मत कर लेना।
तुम चले अगर 'औरंगज़ेब' के चिह्नों पर-
हर साँस 'शिवाजी' होगी, सोच-समझ लेना॥

(11)

संभव है, वह दिन तुझे देखना पड़ जाए-
कंधे देनेवाला भी कोई मिले नहीं।
'खिलजी' के घावों से बहता है रक्त अभी,
'बाबर' के बख़्तर भी तो अब तक सिले नहीं॥

(12)

व्यभिचार जिन्हें चौखट तक आना भुला गया,
ऐसी चुड़ैल, दो-चार सहज हैं मिल जाएँ।
जो पेट भरेंगी सात-भाँवरों वाले से,
मिल गई ढील, तो गीत पड़ोसी के गाएँ॥

(13)

हर समझदार कुछ क़दम उठाने से पहले-
विधिवत् कर लेता है परिणामों पर विचार।
इसलिए उचित है, अपने ही हित में भाई-
तुम भी कर लो, कुछ मानचित्र में त्रुटि सुधार॥

(14)

ऐसा न हो कि अंगार हिमालय से बरसें,
राजस्थानी तलवारें फिर से चमक उठें।
फिर 'चौहानों' के बाण, धनुष पर चढ़ जाएँ-
'गुर्जर' बल खाकर, क्रुद्ध सिंह से गरज उठें॥

(15)

हो उठे प्रकंपित, क्षुब्ध गगन का अंतराल,
सागर उत्ताल तरंगों से आप्लावित हो।
रह जाए प्रेम का नाम पुस्तकों में केवल-
हर हाथ, मात्र हिंसा हित ही संचालित हो॥

(16)

चढ़ गया चतुर्दिक् अगर तोप का धुआँ कहीं-
हर ओर अँधेरे का शासन हो जाएगा।
हर लहर वायु की गरल उगलने लगी कहीं-
मानवता का अंतस् पाहन हो जाएगा॥

(17)

घुट कर मर जाएँगे कितने अबोध सपने?
क्रंदन से कान दिशाओं के फट जाएँगे।
कितने हाथों की हरी चूड़ियाँ टूटेंगी?
कितने राखी के तार, धरे रह जाएँगे?

(18)

कितनी गोदों में सूनापन गहराएगा,
कब, कौन ब्याह से पहले ही विधवा होगी?
कितने तुतले बचपन अनाथ से भटकेंगे?
कितने यौवन हो जाएँगे, खंडित योगी?

(19)

जब समय डाकिए के आने का होता है-
हर रोज़ 'हमीदन' दरवाज़े तक आएगी।
लेकिन 'रशीद' का पत्र नहीं मिल पाया तो-
अपने आशा-विश्वास दफ़्न कर जाएगी॥

(20)

फिर ईद-मुबारक के दिन भी मातम होगा,
इसलिए हमें चिंता है, युद्ध न छिड़ पाए।
'गोरा-बादल' का नाम सुना तो होगा ही-
कुछ डरो, न उनके कान भनक पड़ने पाए॥

(21)

जितनी सुहाग की शाख रहेंगी अनफूली,
निर्लज्ज तुझे अभिशाप सभी मिलकर देंगी।
उतने जन्मों में, तू होगा अबला नारी,
संतति के लिए, गोद तेरी भी तरसेगी॥

(22)

यह वही देश है, जहाँ भूमि के लिए कभी-
रच गया 'महाभारत' बच्चों के खेलों-सा।
यदि कश्मीर की ओर बढ़ाया पाँव कभी,
मसला जाएगा सर, मिट्टी के ढेलों-सा॥

(23)

जिन पर तूने विश्वास किया है, उनकी ही-
संगीनें, जब तेरे सीने पर तन जाएँ।
अपना कहकर आवाज़ लगा लेना मुझको-
आऊँगा, भाईचारा कहीं न मिट जाए॥

(3 मई, 1964)

□

तिरंगे को कभी झुकने न दोगे

मर तो रहा, किंतु गौरव है माँ के लिए मिटा मेरा तन।
रह-रह कर उस के दुलार की सुधियाँ मन पर छा जाती हैं॥
ठहरो कुछ कर लो, लेकिन तुम मेरा देश ग़ुलाम न कहना-
क्योंकि अभी मेरे तन में, कुछ साहस की साँसें बाकी हैं॥

देश की माटी नमन स्वीकार कर*

(1)

गूँथ अलकों में सितारों के सुमन,
श्वेत-चूनर, रेशमी ओढ़े हुए।
चंद्र-किरणें या कि किन्नरियाँ युवा,
मेदिनी पर मंद-पग रखते हुए॥

(2)

उतर जब आईं क्षितिज की राह से,
खिलखिलाकर हँस उठीं, विकसे कुमुद।
क्षीर-सागर तोड़ मर्यादा, स्वयं-
मखमली चादर बना, फैला विशद॥

(3)

मनचला, शठ तिमिर, लुक-छिपकर खड़ा
ओट वृक्षों की, सहज सौंदर्य को।
देखता ही रह गया हतप्रभ बना;
फिर नयन मूँदे, सहेजा धैर्य को॥

(4)

विहँस किंचित्, छोड़ निःश्वासें विरल,
वक्ष पर करतल रखे, दो पग चला।
व्यग्र, ललचाए नयन चलते रहे;
अनचहे संकोच ने गति को छला॥

---

* कच्छ-केरन युद्ध की स्थिति पर एक सैनिक के उद्गार।

(5)

केलि-बेला में कुसुम कुछ गिर गए,
कर उन्हें संचित, स्वयं को धन्य कह-
बुदबुदाया, मुसकुराया, फिर हँसा,
अंत में मूँदे नयन, बोला, 'अहह!'॥

(6)

एक रश्मि निहारकर, अधरोष्ठ को-
भींच दाँतों से, पुनः आक्रोश भर।
साथ सखियों के घुमा ग्रीवा तनिक,
'हुँहह' कह, ज्यों ही बढ़ी त्यों ही, मगर-॥

(7)

पूर्व से उठ, स्याह मेघों की चमू,
व्यूह रच-रच कर चढ़ीं आकाश पर।
ज्योति-सुत समवेत हो, जूझे बहुत;
वश न चल पाया निठुर वातास पर॥

(8)

इधर छिट-पुट आक्रमण होते रहे,
वह सुनहरे बादलों को साथ ले।
मंत्रणा के हेतु विधु को भी बुला,
भेंट ली अन्यत्र, हाथोंहाथ ले॥

(9)

संधि के अनुसार—यह निश्चित हुआ,
स्वल्प, स्थल पर मेघ पहरा दें अभी।
शीघ्र ही सीमा बँटेगी स्नेह से,
पूर्ण मैत्री हम निभाएँगे तभी॥

(10)

मेघ कुछ परिणामतः प्रहरी बने-
रह गए; पर रश्मियाँ, राकेश से
थीं असत् मत, इसलिए एकत्र हो-
जा मिलीं होकर पृथक्, दिवसेश से॥

(11)

और जब प्रातः, हुआ रवि का उदय-
पाँव रख सिर पर, सभी भागे सतत।
मुक्त नभ से अब अनागत रात्रि तक-
हट गया अविलंब विधु, होकर विरत॥

(12)

स्वप्न टूटा, मैं जगा, हँसता हुआ-
आँख मल, तज सेज, आया द्वार पर।
दौड़कर माँ से मिला, सपना कहा,
हाथ में लकुटी लिये, उच्छ्वास भर॥

(13)

कष्ट से ज्यों ही खड़ी हो, भाल को-
चूमने मेरे लगी, लकुटी गिरी।
अँजुरी में भर कपोल-द्वय, हुलस-
यों कहा, कहते हुए आँखें भरीं-

(14)

'क्यों न हो भूखा मनोबल, क्षीण-क्षत,
देश में जब शौर्य पर प्रतिबंध हो!
पाप पनपेगा सुनिश्चित है, अगर-
वेष का छल-छद्म से अनुबंध हो॥

तिरंगे को कभी झुकने न दोगे

(15)

स्वत्व ही, जब सत्य स्वीकारे नहीं,
संगठन के नाम पर लड़ता रहे।
शशक-शृंगों के सदृश, है देश हित,
'आत्म भर' का वृत्त यदि बढ़ता रहे॥

(16)

कूल की अवहेलना से सरित में-
बाह्य जल का आगमन, क्रमशः बढ़े।
तो विवश हो ऊर्मियों को स्वयं ही,
उचित है, संघर्ष यदि करना पड़े॥

(17)

वत्स! यह माँ भारती ने युद्ध का-
पूर्ण अभिनय कर दिखाया है हमें।
बस अभी प्रस्थान कर, आह्वान सुन,
आज माटी ने बुलाया है तुम्हें॥

(18)

नीर नयनों में न भर मेरे लिए,
मातृ-भू का प्रश्न है, मैं कुछ नहीं।
देर मत कर, कूद निर्भय समर में,
स्वर्ग से महती कही सबने मही॥

(19)

आज माँ तो है नहीं, उसका कथन-
गूँजता है कान में, रण-क्षेत्र में।
सैकड़ों साथी गिरे, शव बन गए,
रक्त बह निकला दहकते रेत में॥

(20)

क्षत्रियों को युद्ध जब सौभाग्य हो,
तब कहीं उपलब्ध होता है, स्वयं-
सारथी 'श्रीकृष्ण' का है यह कथन;
किंतु अब खंडित हुआ इसका अहम्॥

(21)

क्योंकि मैं, जिसका यही कर्तव्य है,
नोंच लूँ उन पक्षियों के पंख, जो-
देश की सीमा बिना आज्ञा लिये,
चाहते हैं पार कर, अधिकार हो॥

(22)

व्योम उगले आग, धरती पर बिछें-
कंटकों के जाल, जल हो या कि थल।
विजन-वन हों, हिंस्र-पशुओं के निलय,
पर्वतों पर छील दें तन को उपल॥

(23)

एक भी पल, किंतु मैं सोऊँ नहीं,
एक भी क्षण भीति से परिचित न हूँ।
देश पर वारूँ सगे-संबंध सब,
आत्मरक्षा हेतु भी चिंतित न हूँ॥

(24)

एक भी गोली इधर आए अगर,
एक भी साथी कभी आहत बने।
सैकड़ों दागूँ, सहस्रों उठ गए,
दूसरे दिन अरि-कटक गुमसुम सुने॥

(25)

किंतु माँ! मैं विवश हूँ उस दीप-सा,
विवश हूँ उस लेखनी-सा क्या करूँ?
जो सँजोए है हृदय में स्नेह-मसि,
एक कहता है 'जलूँ', तो दूसरी 'मैं भी चलूँ'॥

(26)

है अनिच्छा, किंतु कहता हूँ, सुनो-
हाथ जिन पर शक्ति है, अधिकार हैं,
व्यक्तिवादी हैं, स्वयं में लीन हैं,
यों समझ लो, आदतन ग़द्दार हैं॥

(27)

जो अनधिकृत सूत्र के वे कथन हैं,
सत्य हैं; विश्वस्त भी यह कौन माने?
विपद्-ग्रस्ता हो चुकी स्वाधीनता,
वे तभी विक्षिप्त हैं; कौन जाने?

(28)

वे कि जिनके सामने कर्तव्य हैं,
हाथ हैं, अधिकार पर कुछ भी नहीं।
सत्य भी बोलें, सुनें भी ग़ालियाँ,
बंद हों या दर-ब-दर भटकें, नहीं॥

(29)

वे नहीं यह बात कहने के लिए,
वे नहीं आघात सहने के लिए।
माँ! तुझे सौगंध है स्वातंत्र्य की,
तू स्वयं कह, उग्रता स्वर में लिये॥

तिरंगे को कभी झुकने न दोगे   127

(30)

सत्य को मन से वरें, समझें, सुनें,
देवता है देवता, वंदन करें।
व्यर्थ पहनें मत, प्रदर्शन मात्र को,
कागदी नौका लिये सिंधु न तरें॥

(31)

पार्थ अगणित हैं; मगर इस देश को,
सारथी दे, सारथी, माँ! सारथी।
सारथी ऐसा कि-जो वह ज्ञान दे;
पार्थ नत-मस्तक उतारे आरती॥

(32)

लाख प्रण दे मौन रहने का; मगर
सत्य का जय-केतु, अरि-शर से कटे।
लक्ष्य अपनी ओर सधता देखकर,
चक्र अपने हाथ में लेकर डटे॥

(33)

आह…! ले… मैं भी चला, अगला जनम,
फिर यहीं लूँ, तू वहीं संस्कार कर।
और क्या क़ीमत अदा तुझको करूँ-
देश की माटी, नमन स्वीकार कर॥

(17 जुलाई, 1965, वाराणसी)

□

शीश कटते हैं, कभी झुकते नहीं

(1)

दीप को, मत व्यर्थ ही लांछित करे,
तिमिर, बढ़ते आयतन को रोक ले।
आँधियों से शक्ति मिलती है इसे,
देश 'आर्यावर्त' है-यह सोच ले॥

(2)

ओट में या छत्र-छाया में पले-
तुच्छ तेरा क्या? क्षणिक अस्तित्व है।
एक पखवारा नियति से भीख में-
पा लिया है, बस यही व्यक्तित्व है॥

(3)

भूल मत, हर नेत्र के रज-कण, कभी-
एक चिनगी भी बहुत विकराल है।
दंभ मत कर, भाग्यवश बच तो गए;
भोर की पहली किरण ही काल है॥

(4)

स्नेह से हो शांत, जिस क्षण तक जले,
ज्योति तब तक है, उसे संघर्ष में-
आग बनते देर कुछ लगती नहीं-
बदलते उत्कर्ष को अपकर्ष में॥

तिरंगे को कभी झुकने न दोगे

(5)

धूम को अंजन बनाकर, नयन में-
आँजनेवाले शलभ दिग्भ्रमित हों,
यह असंभव है, सुनिश्चित है कि वे-
सब शिखा को उम्र दें, प्रज्वलित हों॥

(6)

मौन का तात्पर्य, सहमति से नहीं,
शक्ति-संचय, मात्र इसका अर्थ है।
खौलते जल का करोगे पान क्या!
स्पर्श का भी अर्थ, घोर अनर्थ है॥

(7)

हम गरल पीकर जिए हैं, इसलिए-
अब किसी फूत्कार से डरते नहीं।
बात सुनते हैं सभी की शांति से,
पर किसी ललकार को सहते नहीं॥

(8)

कह गया 'चाणक्य', "उगती पौध का-
उचित संवर्धन करो, तो धूप दो।
प्रश्नचिह्नों के शिरों को काट दो-
तुम विनत संबोधनों का रूप दो॥"

(9)

तुम कहो कुछ भी, यहाँ चिंता किसे,
जो गरजते हैं, बरसते ही नहीं।
शर-शयन कृत 'भीष्म' की संतान के-
पाँव में काँटे कसकते ही नहीं॥

तिरंगे को कभी झुकने न दोगे

(10)

तुम विदेशों से मँगाओ गोलियाँ,
अस्थियों से वज्र बनते हैं यहाँ-
युद्ध से भागे हुए पतिदेव की-
भर्त्सना करती रही हैं नारियाँ॥

(11)

दुर्ग की देहरी विदा करती उन्हें,
द्वार, उस क्षण तक कभी खुलते नहीं।
दंभ रिपुदल का दलित कर, भाल पर-
मातृ-भू-रज, जब तलक मलते नहीं॥

(12)

बाल-सिंहों के दशन गिनते हुए-
'भरत' के निर्भीक कौतुक पर तुम्हें।
हो भले आश्चर्य; पर यह सत्य है,
गर्व है, उसके पराक्रम पर हमें॥

(13)

सिद्ध है यह सत्य; व्यवहृत विश्व का,
वे किसी की आँख को भाते नहीं।
जो बुभुक्षा भी सहज स्वीकारते;
पर किसी की गाँठ का खाते नहीं॥

(14)

युग फिरें, लेकिन पृथक् होती नहीं-
देश की संस्कृति कभी इतिहास से।
धीर-जन विचलित नहीं होते सुने-
मद्यपों के पाश या उपहास से॥

तिरंगे को कभी झुकने न दोगे

(15)

शास्त्र वाले हाथ, शस्त्र सँभालते-
बेधतीं जब मन हमारा बोलियाँ।
वक्ष छलनी हो गया, तो हो गया,
पीठ को छू भी न पाईं गोलियाँ॥

(16)

प्रगति-पथिकों के, पवन की भाँति ही-
पाँव थकते हैं, कभी रुकते नहीं।
देशभक्तों की अनोखी ही प्रथा-
शीश कटते हैं, कभी झुकते नहीं॥

(17)

दुष्ट लक्ष्यों से निपटने के लिए,
बाँह लंबी हों, न हों, पर पुष्ट हैं।
क्यों चले आए उमड़ते-घुमड़ते?
देवता शायद तुम्हारे रुष्ट हैं॥

(18)

यों, समय के फेर से तो भानु भी-
बादलों ने बाँह में बाँधा, सही।
किंतु यह क्यों भूलते हो, ज्योति-धर-
ताप देने में कभी हारा नहीं॥

(19)

बादलों ने वेग जब संताप का-
सह नहीं पाया; झुके, झट रो उठे।
प्राप्त आदि स्वरूप को हो सिंधु में-
मिल गए, माँ के चरण फिर धो उठे॥

(20)

पृष्ठ तो इतिहास के पलटो तनिक,
हम किसी साम्राज्य के इच्छुक नहीं।
पर धरा की धूल की रक्षार्थ भी;
हम पराए द्वार पर भिक्षुक नहीं॥

(21)

देवपुत्रों की धरा पर, स्वर्ग-सा,
कल यही कश्मीर-'कश्यपमेरु' था।
राक्षसो! लौटो, हमारे हाथ में-
आज गोली हैं, वही कल तीर था॥

(22)

हम सुधा, सुधि की पिलाते कंठ तक,
जो तुम्हारे पूर्वजों को याद है—
वे अमर कुछ नाम, मिट सकते नहीं;
वंशजों के रक्त में आबाद हैं॥

(23)

पूछ लो-'ग़ौरी' बताएगा तुम्हें,
काँपती आवाज़-'अकबर' की सुनो।
स्वप्न में भी टाप 'चेतक' की, उसे-
त्रास देती हैं, रुको, यह भी गिनो॥

(24)

पीतमुख नवरंग 'बाबर' के हृदय,
'गुरु', 'शिवा', 'सांगा', सभी की तेग की।
नोंक से घायल 'अलाउद्दीन' को-
नोंचती है हार रणथम्भोर की॥

(25)

पंक्ति में 'जयचंद' की लज्जित खड़ा,
कह रहा, जो भूल पर रोता हुआ।
'माँ! नहीं हूँ सिंह अब मैं, था कभी-
और वह भी आलसी, सोता हुआ॥'

(26)

देशद्रोही का तुम्हारी दृष्टि में-
एक छोटा सा पुराना नाम है।
मानता हूँ मैं, इसी इतिहास में,
'मानसिंह' भी है; मगर बदनाम है॥

(27)

किंतु अब इस देश के इतिहास में,
एक नूतन पृष्ठ लोहू से रँगा-
जुड़ चुका, स्वर्णाक्षरों में दीप्त है,
चिर्-अमर प्रिय नाम, 'वीर-हमीद' का॥

(28)

क्योंकि उसने मस्जिदें तोड़ीं नहीं,
मंदिरों की आरती बुझने न दी।
'ग्रंथ' को पूजा, पढ़ी थी 'बाइबिल',
मिट गया, लेकिन ध्वजा झुकने न दी॥

(18 सितंबर, 1965)

□

तिरंगे को कभी झुकने न दोगे

मुर्दा श्वास जिया करती हैं*

(1)

पापी-पशु, प्रतिमूर्ति अहम् की, सीमा पर चढ़ आनेवाले-
तुझको क्या मालूम कि भारत देश शहीदों की धरती है।
रक्त-स्वेद-सिंचित धरती के कण-कण पर अधिकार हमारा-
मातृ-सुरक्षा हित, संततियाँ जनम-जनम लड़-लड़ मरती हैं॥

इस उपवन पर झंझाओं के इतने अत्याचार हुए हैं,
असमय में कलियों के यौवन ने मरघट में पाँव पसारे।
इतनीं यहाँ अमावस आईं, सदियों गहन अँधेरा छाया,
पंथ भटकते रहे विवश बन, अंबर के देदीप्त सितारे॥।
कलियों का बलिदान, दे गया-फूलों को ऐसी तरुणाई,
वक्ष चीरती रही तड़ित बन, अंधकार का लरज-लरज कर।
इतना मथा बादलों का मन, विद्युत् ने अपने प्रहार से,
अश्रु बहाते रहे बिचारे, बार-बार गर्जन-तर्जन कर॥

वे आँसू अपने उपवन को सचमुच ही वरदान बन गए-
माँ अपना विक्षत अंतस्तल अब तक जो सींचा करती है॥
तुझको क्या मालूम कि भारत देश शहीदों की धरती है।

---

* 'साहित्यालोक' में प्रकाशित।

(2)

तू मत सोच कि भारत का मन, आतंकित है तेरे भय से-
भय है, कहीं शांति के सपने, हो न जाएँ मरघट के वासी।
तेरे स्वप्न धुएँ से बिखरें, जलते क्रोधानल भारत में;
भय है, कहीं प्रेम की दुनिया पर छा जाए नहीं उदासी॥
'राम-कृष्ण' की भूमि किसी से पद-मर्दित हो नहीं सकेगी-
अंतिम रक्त-बूँद, तन-तन भी हो जाए बलिदान भले ही।
अपने प्रगति-चरण को कोई, विचलित अब कर नहीं सकेगा,
एक बार सारी जगती भी, हो जाए प्रतिकूल भले ही॥

आज यहाँ जन-जन के मन में पावन 'गीता' गूँज रही है।
मात्र यहीं गर्भस्थ तनय को, भीषण रण-शिक्षा मिलती है॥
तुझको क्या मालूम कि भारत देश शहीदों की धरती है।

(3)

आस्तीन के सर्प, काटकर, कितने दिन साँसें ले पाए?
कितने दिन विश्वासघात कर, कोई मित्र चैन से सोया?
किस दिन भारत ने आक्रामक के समक्ष निज शीश झुकाया?
किस दिन अपमानित होकर वह, बतला, त्रस्त-विकल बन रोया?
किसको याद नहीं भारत के पौरुष की बेदाग़ कहानी?
किसको कफ़न याद करता है, अडिग हिमालय से टकराकर?
अपने अहंकार की झूठी, मादकता में कौन खो गया?
कौन तुल गया है मिटने पर अपनी रोती धरा भुलाकर?

अरे! लौट जा, अभी समय है, नादानी हो चुकीं बहुत सी;
माँ अपने सोए दुलार के तन का रण-सिंगार करती है॥
तुझको क्या मालूम कि भारत देश शहीदों की धरती है।

(4)

कौन चाहता आज बेधना, विश्व शांति के सदय हृदय को?
कौन ध्वंस के क्रूर-नृत्य के साज सजाने को आतुर है?
किसका मन भर गया अचानक, वसुंधरा के मृदु-ममत्व से?
किसके असत् इरादे, संयम की सीमा से क्यों बाहर हैं?
कौन दूसरे विश्वयुद्ध की भूल गया है करुण-कहानी?
कौन बधिर, मानवता के रोदन की चीख़ नहीं सुनता है?
भारत का स्वातंत्र्य छीनना, कोई खेल नहीं बच्चों का-
उधर देख, 'यूनान' देश में, पड़ा 'सिकंदर' सिर धुनता है॥

यहाँ पर्वतों पर रे लोभी! शायद तुझको ज्ञात नहीं है-
आहत सौमित्रों के हित ही संजीवनी उगा करती है॥
तुझको क्या मालूम कि भारत देश शहीदों की धरती है।

(5)

पुनः पाँव इस ओर धरे तो सिर से कफ़न बाँधकर आना,
शायद फिर अपनी धरती के दर्शन तुझे न हो पाएँगे।
इंच-इंच रण-भू के ऊपर, लाखों लाश बिछाकर तेरी,
मृत्यु-संदेश, मित्र-द्रोही हम तेरे घर पहुँचा आएँगे॥
फिर इतिहास लिखेंगे, लिखकर तेरे अवशेषों को देंगे,
ताकि जान जाएँ मानवता के घातक के दुःखद अंत को॥
जान सकें परिणाम सताने का बेकारण, अहंकारवश
किसी साधनालीन, विमल-मन, विश्व-शांति के सबल संत को॥

ऐक्य-सूत्र-आबद्ध, हमारा भारत अब निष्प्राण नहीं है।
रण के नाम यहाँ सोई क्या, मुर्दा श्वास जिया करती हैं॥
तुझको क्या मालूम कि भारत देश शहीदों की धरती है।

(1 अक्तूबर, 1962)

□

इस तिरंगे को कभी झुकने न दोगे

(1)

मृत्यु पर आँसू बहाना-व्यर्थ होगा,
रीत जाएँगे नयन, पर क्या मिलेगा?
एक-दो क्षण दीप्त हूँ, कुछ माँगता हूँ-
देश मेरी साध की झोली भरेगा॥

स्नेह आजीवन तुम्हें देती रही यह-
भूमि जिस पर तुम-गुलाबों से खिलोगे।
दे सको, तो दो उसे इतना वचन, तुम-
इस तिरंगे को कभी झुकने न दोगे॥

(2)

रक्त देकर जो हुई उपलब्ध हमको,
बेलि यह स्वाधीनता की माँगती है।
स्वेद-कण, गतिमय चरण, सौहार्द्र मन का,
और बलि, इस देवि की शुभ आरती है॥

शैल-श्रृंगों पर धुआँ क्यों उठ रहा है?
भेद सहसा, सैकड़ों कैसे खुले हैं?
चित्र जो मुख-पृष्ठ पर छपने लगे हैं।
देश को पथ-भ्रष्ट करने पर तुले हैं॥

कर सको, तो प्रण करो, मुख-पृष्ठ पर, फिर-
सभी उनको कभी छपने न दोगे॥

(3)

दौड़ना संभव नहीं, इसका प्रयोजन-
यह नहीं है, बंद चलना भी करें हम।
हो न पाए ज्ञान-अर्जन, अर्थ इसका-
यह नहीं है गाँठ में बाँधे फिरें भ्रम॥

परमुखापेक्षी बनो मत, कर्मरत हो,
प्रार्थना से साधना श्रेयस्करी है।
लक्ष्य तक जाते हुए मिट भी गए तो-
अवनि के उस छोर पर अलकापुरी है॥

भर सको, तो भावना ऐसी भरो, तुम-
चरण की गति को कभी रुकने न दोगे॥

(4)

आत्मा क्लीवत्व की चिर-संगिनी हो,
मान्यता अपनी कभी ऐसी नहीं थी।
बाँसुरी पर थिरकने वाली, सुदर्शन-
चक्र पाकर, आँगुरी बहकी नहीं थी॥

न्याय के हित में नियम-बंधन कभी, यदि-
तोड़ने पड़ जाएँ, निस्संकोच तोड़ो।
आँधियों से मत डरो, ओ अमृत-पुत्रो!
भारतीयों! तुम कभी रथ को न मोड़ो॥

मिट सको, तो देश के हित में मिटो, तुम-
अब किसी कण को, कभी बँटने न दोगे॥

(5)

भ्रष्ट योगी की तरह विक्षिप्त मत हो,
आचरण पर आवरण चढ़ने लगेगा।
काव्य का माधुर्य छोड़, विकल्प-वश हो,
छात्र कोई व्याकरण पढ़ने लगेगा॥

मणि मिलेगी, इसलिए मणिधर न पालो,
आग से खेलो, मगर अंचल बचाकर।
क्रीत करनी हैं दुहनियाँ, तो उचित है
देख लो विधिवत् उन्हें पहले बजाकर।

वर सको, तो धैर्य का संबल वरो, तुम-
आँसुओं को धूल में मिलने न दोगे॥

(6)

नासिका पर कीट बैठा ऊँघता है,
मारकर दुर्गंध, मन को क्लांति होगी।
जग रहे हो, यह जताना है ज़रूरी,
सुप्त हो तुम, स्यात् उसको भ्रांति होगी॥

किंतु काटे, तो उसे भी मारने में,
कुछ बुराई खोजना हितकर नहीं है।
अर्चना के समय, जो दीपक बुझा दे-
श्वास अपनी भी मुझे रुचिकर नहीं है।

बन सको, तो कृष्ण बन इतना करो, तुम-
द्रौपदी का चीर अब खिंचने न दोगे॥

(7)

व्यक्ति का जीवन धरोहर देश की है,
गहनता के साथ फैले, तो उचित है।
अन्यथा अतिवृष्टि जल की भाँति, उसका
सूखना, सत्वर सिमट जाना विहित है॥

इस तरह अस्तित्व की रक्षा करो मत,
पास का व्यक्तित्व-कुंठित, नष्ट हो ले।
नाव में जब सब खड़े हों, एक सोए-
यह असंभव है कि कोई कुछ न बोले।

कर सको तो यत्न कुछ ऐसा करो, तुम
कलह के अंकुर कभी उगने न दोगे॥

(26 मार्च, 1965)

□

तिरंगे को कभी झुकने न दोगे 141

अजेय कीर्तिस्तंभ (डोगराई विजय)

(1)

कौन है ? प्रताप ? सिंह अश्रु आँख में न भर।
प्रश्नचिह्न पोंछ, पुण्यभूमि के ललाट पर॥

(2)

प्राण देख तेरा हो कि मेरा–है महत्त्व का।
देश के लिए दिया न, तो न किसी तत्त्व का॥

(3)

तू न हो अधीर, तीन गोलियाँ लगीं तो क्या ?
सैकड़ों लगें मुझे, तो सोच नहीं, वीर जा॥

(4)

मैं अजेय दुर्ग हूँ, न भूल, तू विचार ले।
छोड़ दे मुझे, समग्र देश को उबार ले॥

(5)

देशवासियों का भाल-गर्व से उठा रहे।
और हो निशंक, हाथ काम से जुटा रहे॥

(6)

कोख कोसने लगे, न माँ किसी जवान की।
आरती उतारना, न छोड़ दे कृपाण की॥

(7)

राखियाँ न फेंक दें-सहोदरा उदास हो।
हो न कहीं-भामिनी घृणा करे, न पास हो॥

(8)

लोग यों कहें न—'आन पै जु प्रान दै गए।'
शेष हैं शृगाल, आज सिंह सो नहीं रहे॥

(9)

आत्म-त्राण के लिए, लड़ें युद्ध, पुण्य काम।
वीर के लिए, पुनीत युद्ध-भूमि, तीर्थधाम॥

(10)

मौत का भी हाथ थामते हैं बड़ी धूम से।
भागते नहीं हैं, राजपूत युद्ध-भूमि से॥

(11)

मृत्यु भी वरे, तो बलिदान व्यर्थ जाता नहीं।
क्योंकि क्षण ऐसा कभी, बार-बार आता नहीं॥

(12)

नौनिहाल! आगे बढ़, शत्रु का संहार कर।
वीरवर! शोणित से भूमि का सिंगार कर॥

(13)

दर्प वैरियों का चूर-चूर जो हुआ न आज।
सोच ले, कपोत पंख नोंचता रहेगा बाज॥

(14)

पुच्छ हो कि श्रंग, अंग शत्रु के सभी हैं, तंग-
जो करे, वही हो लक्ष्य, चूकना न, करो भंग॥

(15)

श्वान पूँछ दाब के भी भूँखता रहेगा ढीठ।
एक वार ऐसा, चीख़ उठे, टूट जाए पीठ॥

(16)

मैं तो मुग्ध हूँगा, तभी तेरी सेवकाई पर।
आज ही तिरंगा फहरा दे, डोगराई पर॥

(17)

भूमि मध्य, दुर्ग जो बने हैं कंकरीट के।
केवल वही हैं मूल, हार या कि जीत के॥

(18)

हाथ में ग्रिनेड लो, बढ़ो, न हो विलंब और।
तोड़ दो क़िले, कि शत्रु को कहीं मिले न ठौर॥

(19)

तीव्र-वेग बन, तप्त श्वास फूत्कार-सी।
काँपने लगा समीर, देख-देख आरसी॥

(20)

लाल-लाल नेत्र थे कि आग के सुहाग थे।
रोम थे खड़े कि ज्यों कराल-काल नाग थे॥

144   तिरंगे को कभी झुकने न दोगे

(21)

एक-सा उछाह, एक लक्ष्य, हिंद के सपूत।
एक साथ हाथ में उठा, रमा-रमा भभूत॥

(22)

बीन-बीन गोलियों को पाक सैनिकों की, हिंद-
केशरी जवान बढ़े, बोल-बोल 'जय-हिंद'॥

(23)

'धाँय-धाँय-धाँय'-शोर शून्य को कँपा गया।
धुआँ उठा कि अंधकार सूर्य को छिपा गया॥

(24)

एक-एक, साठ-साठ भूनता चला गया।
आगे बढ़, पाँव तले रौंदता चला गया॥

(25)

जो कराहता मिला, संगीन घोंप पेट में।
मुक्ति-दान दे, बढ़ा तुरंत तप्त रेत में॥

(26)

कालिका विचारती रही कि लो कहाँ गई?
बूँद-बूँद ख़ून, जो गिरा कि धूल पी गई॥

(27)

एक साथ, एक दूसरी को देख रो पड़ी।
टूक-टूक देह और खील-खील खोपड़ी॥

(28)

ऊर्ध्व को उठे, उड़े असंख्य दीप्त अग्नि-कण।
प्राण त्याग, शत्रु-देह को चले कि तोड़ प्रण॥

(29)

बोलते थे जो 'कि चाय लेंगे राजधानी में।'
देख लो कि डूब मरे चुल्लू भर पानी में॥

तिरंगे को कभी झुकने न दोगे

उतर चुका जिनकी आँखों से लाज-शर्म का पानी।
उन गद्दारों ने माटी की क़ीमत कब-कब जानी॥
अच्छा हो यदि और अधिक वे स्वाँग नहीं भर पाएँ,
जागो भारतवासी! उनकी मेंटो नाम-निशानी॥

राष्ट्रकवि सोहन लाल द्विवेदी, पद्मश्री काका हाथरसी व
अन्य कवियों के साथ सासनी के एक कवि-सम्मेलन में स्व. शंकर द्विवेदी

एक साहित्यिक गोष्ठी में हिंदी के सुप्रसिद्ध आलोचक डॉ. रामकुमार वर्मा व
अन्य विद्वानों के साथ अपना उद्बोधन प्रस्तुत करते स्व. शंकर द्विवेदी

तिरंगे को कभी झुकने न दोगे

विश्वगुरु के अकिंचन शिष्यत्व पर

(1)

माँगता है व्यर्थ, सबसे ज्ञान की क्यों भीख?
ओ अभागे देश! गुरु का मान करना सीख।
विश्वगुरु! तू हो न सहसा, यों अकिंचन शिष्य;
नील-अंबर में, कहीं बनकर बृहस्पति दीख॥

(2)

गेह में 'मनु' के, उड़ी है मरघटों-सी धूल,
काटती है पालने की डोर, प्यासी भूख।
हिचकियाँ भरने लगे हैं, कुलमुलाते प्राण,
वक्ष श्रद्धा का, मरुस्थल सा गया है सूख॥

(3)

आह! नंगे पाँव, पथ पर जा रहा है कौन?
धूप कितनी तेज़ है! कितना दहकता रेत!
आँख में आँसू, पसीने से पुरा है भाल-
'हाँ, यहीं हैं पांडवों के लहलहाते खेत'॥

(4)

पास अर्जुन के गए, गुरु-द्रोण बोले,-'वत्स!
सूखता है कंठ, मुझको लग रही है प्यास;
घूँट भर पानी पिऊँगा, फिर गहूँगा पंथ,'
पार्थ भूले हैं नमन का आचरण-अभ्यास॥

(5)

पीठ फेरे पूछते हैं,– 'और कुछ आदेश?
व्यस्त हूँ, मेरा समय क्यों पी रहे हो व्यर्थ?
राह देखो, दूर जाना है, घिरेगी साँझ–
भीम आए, तो कहीं कुछ और हो न अनर्थ॥'

(6)

गुरु समर्थ पढ़ा रहे हैं, डूबकर यह पाठ–
'वत्स! जाओ वार दो–निज मातृ-भू पर शीश।'
देखते शिवराज– जूड़ों में गुँथे कुछ फूल,
सालते हैं बोल, उठती हैं हृदय में टीस॥

(7)

राम जाने, जा रहे हो किस दिशा की ओर?
देश मेरे! अनुसरण करने लगे हो आज।
'मौर्यवर'! 'चाणक्य' से करते नहीं हो बात–
वाह! झुकते भी नहीं, आने लगी है लाज॥

(8)

बादलों के धूम पर ही छूटते हैं बाण,
दूब पर छाने लगा है 'गोखरू' का वंश।
बेल-पत्रों से भरे थे, कल हमारे हाथ,
छटपटाता है उन्हीं में, आज आहत हंस॥

(9)

ये अनावश्यक टहनियाँ छाँटते हैं; किंतु–
उँगलियों का रक्त पी जाते तृषातुर शूल।
आँसुओं तक, है उभरता कसमसाता रोष–
डबडबाती आँख, डगमग डूबते मस्तूल॥

　　तिरंगे को कभी झुकने न दोगे

(10)

यह अँधेरा कक्ष, सीलन, मत्सरों का गर्व,
सींखचों के पार, बिखरा ज्योत्स्ना का ढेर।
बच सकें दुर्गंध से यों नासिका के रंध्र,
बंद हाथों से करें, अब और कितनी देर?

(11)

धिक्, हमारी सभ्यता के वर्तमान विकास,
धिक्, हमारी परिधि का सिमटा हुआ यह बिंदु।
मान्यता अस्थिर लहर को दे रहे हैं हम-
काँपते हैं तब कि जब हम तैरते हैं सिंधु॥

(12)

पूर्ण कर, पश्चिम दिशा से पूर्व तक का चक्र-
सूर्य थोड़ा सो गया, तो हो गए एकत्र-
तिमिर-कण सम, सारथी को एक ओर धकेल-
नाग फैले, बामियों से निकल कर सर्वत्र॥

(13)

आश्रमों से गेह तक, हैं दुर्ग की प्राचीर,
फन उठाए, लहरते, भरते हुए फूत्कार।
घूमते हैं, यों चतुर्दिक् तक्षकों के दूत-
कर नहीं पाते, किसी के अधर मंत्रोच्चार॥

(14)

खोंपियों भर में, कसा है बस शिला का छोर,
एकदम नीचे, गहन होता अँधेरा-गर्त।
एकटक जम जाए, यदि इस ओर कातर दृष्टि-
क्षण गया कि 'छपाक' पी जाएँ सहज आवर्त॥

(15)

जागरण का अर्थ क्या, अस्तित्व ही मिट जाए-
सृष्टि पर छाने लगे, बस शयन का विस्तार।
कौन कल्पित रात्रि में मूँदे रहेगा नेत्र-
पर्वतों का ही रहे, यदि भोर पर अधिकार॥

(16)

वक्ष पर समकोणवत्, आ तो गई हैं बाँह-
एक पग उठकर जमे, है शेष इतनी देर।
चल पड़ा, तो यात्रा करके रहेगा पूर्ण-
सारथी पश्चिम दिशा तक, रौंदता अँधेर॥

(17)

आयु पर हो पवन! तेरी कृपा क्यों न विशेष,
अधिकतम है, रवि-उदय तक मोतियों का हास।
कब तलक देगी सहारा बादलों की छाँह,
पवन को जब तक नहीं, इस कृत्य का आभास॥

(18)

ओस भीगी घास पर, क्षण भर जमे पदचिह्न!
पूछना है—व्यर्थ होना व्यग्र और अधीर।
देख लेना, कल स्वयं ही घूमते रथ-चक्र
लीक-लीक अनंत तक जातीं असंख्य लकीर॥

(19)

नाग-यज्ञ रुके न, जनमेजय! तुम्हें सौगंध,
भूल मत जाना, परीक्षत-देह का विष-दंश।
इंद्र का अनुनय, न हो स्वीकार अबकी बार-
अंश-अंश मिटे, धरा से दुष्ट वासुकि-वंश॥

(20)

फिर कहीं एकांत में, हो सघन तरु की छाँह,
छन रही हो टहनियों से दो-प्रहर की धूप।
गुरु उठाए हाथ, देते हों विहँस आशीष-
भाल चरणों में धरे हों-चक्रवर्ती भूप॥

(6 नवंबर, 1967)

ग्रीष्मकालीन शुक्ल पक्ष और कैलास*

(1)

कोलाहल से दूर प्रकृति की सौम्य गोद में,
मुक्त हृदय से हँसता, जैसे महका महुवा।
वंशीधरे कृष्ण के अधरों जैसा मनहर;
प्राची में उगते दिनमणि जैसा कुछ किंवा॥

(2)

विविधाकृतियों में विभक्त यमुना की धारा,
मंद-मंद गति से बहती है ग्रीष्म-काल में।
लगता है कैलास घिरा इस वनस्थली से;
पाटल एक सपर्ण रखा हो रजत-थाल में॥

(3)

प्रातः-सायं काल शिवालय में शंख-ध्वनि,
ऋषिकुल-ब्रह्मचर्य आश्रम में वेद-ऋचाएँ।
मन के अवसादों, दाहक सुधियों की ज्वाला;
शांति-सुरस-धारा से सहज प्रशांत बनाएँ॥

(4)

कण-कण से पुनीत वैदिक-युग के संदेशे-
मिलते हैं, इस भौतिक युग के प्रति निष्ठा की।
कुत्सित-भ्रामक प्राचीरें विनष्ट होती हैं;
पतनोन्मुख होती हैं धूसर छत-मिथ्या की॥

---

* आगरा का एक प्राकृतिक स्थल, जो सिकंदरा से एक मील पश्चिम में यमुना-किनारे स्थित है।

(5)

सहज, स्निग्ध तारल्य स्नेह के मृद्धंचल का,
प्रकृति विहँस कर, मुक्त करों से बाँट रही है।
इने-गिने कुछ लोग प्राप्त कर पाते जिसको;
कारण छद्‌म-वेशिनी माया डाँट रही है॥

(6)

एक ओर सैकत-तट पर फैली हरियाली,
ककड़ी के पीले फूलों पर धवल चाँदनी।
हरित वर्ण, पीले टाँकों वाली कंचुकि पर;
धरा-वधू ने ओढ़ रखी हो श्वेत ओढ़नी॥

(7)

'टीं-टीं-टीं, टुल्-टुल्' टिटहरियों का कोलाहल,
स्तब्ध निशा में तुमुल-नाद के परिचायक-सा।
'टुटु-टुटु-टर्र-टर्र' दादुर का कर्ण-कटु स्वर;
विस्मित-भीत हृदय में चुभता है शायक-सा॥

(8)

पल-पल पर कटकर कगार गिरते पानी में,
नन्ही-नन्ही चपल ऊर्मियों की ललनाएँ।
छिटक-ठिठक हँसकर बहती हैं तीव्र वेग से;
किंतु प्रथम उनको जल-तल में सहज लिटाएँ॥

(9)

नृत्य-गान के समय, कलुषमन-कपटाचारी-
उच्छृंखल युवकों को जैसे ब्रज-बालाएँ।
खीझ भरे-सशंक मन में आक्रोश जगाकर;
नस-नस कर विदीर्ण, भू-रज में सहज सुलाएँ॥

(10)

मसृण-रेशमी छितरे मेघों को अस्तंगत-
रवि ने दान दिया अपूर्व स्वर्णिम आभा का।
नील-व्योम लगता है, जैसे कुँवर-कन्हैया;
भुज-पाशों में बाँध रहे हों तन राधा का॥

(11)

यमुना के निर्मल जल में प्रतिबिंब उसी का,
यत्र-तत्र हरिताभ लहलहाते दूर्वादल।
संजीवनी बूटियों के प्रकाश से जग-मग;
कुहरे में डूबा हो प्रत्यूषी द्रोणाचल॥

(12)

रवि-तनया ने एक विशिष्ट घुमाव लिया है,
जिस के बीच सुनहरे गेहूँ के खेतों में-
वृक्षावलियाँ ताड़, खजूर और शीशम की;
जाने क्या कहती रहती हैं संकेतों में॥

(13)

कंचन-वर्णा, नवयौवना किसी मुग्धा ने,
दीप्ति मान, कमनीय कंठ में रजत-निर्मिता-
हँसुली पहन रखी हो, अंबर के दर्पण में-
छवि निहारती हो प्रमुदित-मन रूप-गर्विता॥

(14)

निराभरण, सद्यः स्नाता गौरांग रमणियाँ-
भाव-विभोर, नमित-नयना बन अर्घ्य चढ़ातीं।
कोमल कर-संपुट में जल से भरा पात्र ले-
'विश्वानिदेव सवितर्दुरितानि परासुव' गातीं॥

(15)

निश्चय आधुनिकाएँ इस क्षण सोती होंगी,
या अँगड़ाई लेती होंगी वक्ष उघारे।
तंद्रालस नयनों से मदिरा-सी उँड़ेलतीं;
मसल रही होंगी उसीस गलबाँही डारे॥

(16)

त्रिविध समीर-ताप को भूयोभूयः वर्जित-
करती है—'इस ओर न आओ, अनत बसो तुम।
सुनो, अन्यथा अभिशापों के भागी होगे;
हठवादी न बनो, प्राणों का मोह करो तुम॥'

(17)

पंक्तिबद्ध खग-वृंद, कोटरों से निर्गत हो,
कल-निनाद से छेड़ दिव्य-संगीत, मोद में-
भरकर, एक साथ अपनी पाँखें फैलाए-
जाने कहाँ चले जाते अन्न की खोज में॥

(18)

'सादा-जीवन, उच्च-विचारा' वाले रावी,
मौलिक जीवन-चिंतन में रत, यहीं मुदित हैं।
अनति दूर जब नगर-निवासी व्यर्थ, परस्पर-
उलझ रहे हैं, रोग-ग्रस्त हैं, भोग-तृषित हैं॥

(19)

नई सभ्यता ने इसके पुनीत चरणों में,
यद्यपि अपना कलुषित माथा टेक दिया है।
क्रूर-काल ज्वाला ने अरुणिम, कोमल-कोमल
गालों को अपनी लपटों से सेक दिया है॥

(20)

फिर भी यह अस्तित्व सँभाल रखे है अपना,
और आचरण को भी किसी रुग्ण ऋषि जैसा।
ताज प्रेमियो! नैसर्गिक सुषमा का यह घर;
आज विवश-व्याकुल है किसी अनाथ तनय-सा॥

(22 मार्च, 1965)

□

गंगा-स्नान

(1)

इसका ध्यान, किसी के नक्षत्रों पर जब जम जाता,
उसकी ओर हाथ अपना, तब कोई नहीं बढ़ाता।
शनि की दृष्टि उठी है मुझ पर, इसीलिए तुम शायद
धीरे-धीरे भुला रहे हो, मुझसे अपना नाता।।

(2)

इतना तो सोचा होता, उस प्रण का कल क्या होगा?
जिसके लिए आज तक तुमने, ख़ुश होकर दुःख भोगा।
मैं तो तब जैसा ही, अब भी गिरा हुआ हूँ, सच है—
ऐसा उदाहरण, जो धरती पर शायद ही होगा।।

(3)

मुझे जलाने को सूरज ने पूरी शक्ति लगाई,
बहुत कहा, नीले अंबर तक कोई घटा न आई।
गंगा की धारा तक जाने का संकल्प किया था,
हारी-माँदी देह; किंतु खारे जल से नहलाई।।

(4)

गति के साथ इन्होंने अपनी सच्ची प्रीति निभाई,
दहके हुए रेत में चलते, अब तक उमर गँवाई।
झुलसे हैं, नंगे पाँवों में इतनी शक्ति कहाँ थी?
आँखें डुबकी लगा, बेहया जाने कब भर लाईं।।

(5)

गंगा के तट पर, देखो तो कितनी भीड़ लगी है,
दान-पुण्य करनेवालों पर, जिनकी दृष्टि जमी है।
उन लोगों का ध्यान, इधर फिरता ही नहीं कभी भी-
फूटी कौड़ी नहीं गाँठ में, अपनी यही कमी है॥

(6)

तट तक आ पहुँचा हूँ; तो फिर इतना और सहूँगा,
दुराचरण के लिए, किसी से कुछ भी नहीं कहूँगा।
भीड़ छँटे, तो नम्र निवेदन कर भी लूँ थोड़ा सा,
तुम्हीं कहो, आख़िर ऐसे, मैं कब तक खड़ा रहूँगा॥

(7)

घुटनों पर ठोड़ी टेके, बाँहों में पाँव कसे हैं,
गंगा के दर्शन तक को, ये सब-के-सब तरसे हैं।
अगल-बगल या मुझ पर इनकी दृष्टि उठी है लेकिन,
व्याकुल हैं, शीतल धारा में सबके प्राण बसे हैं॥

(8)

मैं तो खड़ा हुआ हूँ, मेरे जैसे और अनेकों,
जाने कहाँ-कहाँ से आकर, बैठ रहे हैं देखो-
गाथा अलग-अलग हों; लेकिन पीड़ा एक सभी की,
इनकी बातें तो सुनने दो, रहने दो, मत रोको॥

(9)

सच मानो, हम सबका सहसा धीरज छूट रहा है,
अमृत गंगा की धारा का, मानो रूठ रहा है।
हृदयों में संकल्प जगा था, जो कल्मष धोने का-
धारा से उठती भँवरों में, सहसा डूब रहा है॥

(10)

गंगा पर एकाधिकार की इच्छा नहीं फलेगी,
प्राण तजेगी, पर प्यासों की टोली नहीं टलेगी।
अभियोगों से, भले रात्रि का आँचल नम हो जाए-
जहाँ सवेरा हुआ, किसी की चर्चा नहीं चलेगी॥

(11)

जो पैरों चलकर आएँगे, जिनमें श्रद्धा होगी,
अब सचमुच जनगंगा, केवल उन लोगों की होगी।
जिनको लालच है, वे इतना कान खोलकर सुन लें-
बहनी थी, बह ली, अब गंगा उलटी नहीं बहेगी॥

(12)

जो अपनी वाणी से प्राणों में अमृत घोलेंगे,
जो समस्त कल्मष अपने, पहले तप कर धो लेंगे।
गंगा-स्नान, सुलभ अब केवल उन लोगों को होगा,
जो कि स्नान के समय स्वयं भी वेद-मंत्र बोलेंगे॥

(13)

जिनमें कम या अधिक; किंतु सचमुच कुछ गुरुता होगी,
सबके प्रति, जिनके हृदयों में अक्षय समता होगी।
जो गंगौटी, किसी दुष्ट के हाथ न लगने देंगे
घाटों पर, अब केवल उन लोगों की प्रभुता होगी॥

(26 नवंबर, 1967)

□

हेमंती संध्या और गाँव

(1)

क्या पता ? क्या बात है, जो हो गया है लाल ?
डूबता है आम के उस बाग़ की ले ओट।
क्यों गगन छूते हवा में उड़ सुनहरे बाल ?
स्यात् यह सूरज करेगा, फिर तिमिर पर चोट॥

(2)

साथ ले परदेसिया को, कल फिरंगा प्रात,
छोर पर पगडंडियों के, है गुलाबी रेत।
कान में जाने कही है क्या पवन ने बात ?
हो चले निस्पंद, दिन भर लहलहाते खेत॥

(3)

लो, झुका आकाश, बैठी लड़खड़ाती धूल,
फूलती सरसों, हरे से गेहुँओं के बीच।
बैंगनी या श्वेत रंग बिखरे मटर के फूल,
देखते हैं नयन; पर लेते हृदय को खींच॥

(4)

हारकर हठ से, लजा, मुख मोड़, हो नत् माथ,
ओंठ दाँतों से दबाए, सिहरतीं ले नाम।
पीत पट से ढाँप, राधा ने बढ़ाए हाथ,
चूड़ियाँ गिनने लगे हों, विहँसते घनश्याम॥

(5)

दौड़ते खरगोश, क्षण भर रुक, खड़े कर कान
टोह लेते हैं, किसी ध्वनि की सहम चुपचाप।
ये सलौने, फूँक देंगे साधना में प्राण
गोद में लेकर, भरो मन! स्वस्ति का आलाप।।

(6)

बाँह में ले, खिलखिलाती ऊर्मियों की बाँह,
तैरते-ही-तैरते,   गहराइयों   में   डूब।
रूठकर, सोई किनारों पर कनेरी छाँह,
ताल की मस्ती भरी अठखेलियों से ऊब।।

(7)

कनखियों से देखती, जब-तब धरा की ओर,
पेट के बल खिसकती, मुँड़गेलियों से धूप।
बुर्झियों पर बैठकर, पाँखें खुजाते मोर,
चाँदनी ओढ़े, खुले आकाश जैसा रूप।।

(8)

मानसर में तैरता हो ज्यों अकेला हंस,
गाँव को घेरे हुए है फैलता सा धूम।
पाँखुरी से पाँखुरी सिमटे कमल को, वंश-
षट्पदों का झूमता है, टोलियों में चूम।।

(9)

आहटों के साथ खुलती आँख, जगता रोष,
गुरगुराकर भौंकने लगते अचानक श्वान।
अब नहीं इनको तनिक भी गंध या स्वर बोध,
धुँधलके में धुल गई सी है सही पहचान।।

(3 जून, 1968)

□

तिरंगे को कभी झुकने न दोगे

163

तुम महावीर थे, सही अर्थ में महावीर

(1)

जिस समय सृष्टि पर दंभ-द्वेष का हुआ राज,
निस्सीम घृणा थी मूर्तिमान, हर हृदय वज्र।
करुणा के लिए कहीं कोई थी नहीं गोद,
कुंठित मानवता की साँसें थीं, व्यर्थ-व्यग्र।।

(2)

चेतना-शून्य था जीव, जर्जरित हुआ ज्ञान,
बस अंधकार-ही-अंधकार, अवरुद्ध दृष्टि।
उस समय हुए अवतरित धरा पर महावीर,
तप-तप कर करते रहे, सभी पर अमृत-वृष्टि।।

(3)

आलोक दिगंतों में फैला, छाया प्रकाश,
हो उठे हृदय फिर से विशाल, उमगा ममत्व।
ढह गए विषमता के अभेद्यतम उच्च दुर्ग,
व्यवहारों में आ गया स्वयं अद्भुत समत्व।।

(4)

अंतर्द्वंद्वों को जीत, शीत-आतप-वर्षा-
सब कुछ सधैर्य सह गए, धन्य त्रिशला-सपूत।
तुम महावीर थे, सही अर्थ में महावीर-
करुणा-मैत्री-सद्भाव-शांति के अग्रदूत।।

□

गाँधी-आश्रम*

(1)

अल्हड़ यौवन की अलमस्ती,
उन्मुक्त उरोजों से बाहर।
आकर आरक्त कपोलों पर;
फैलाती लज्जा की चादर॥

(2)

जर्जर, काली साड़ी में से-
यों दमक रहा था गोरा तन।
पूनम की खिली चाँदनी हो;
छितरे-छितरे हों श्यामल घन॥

(3)

पलकें पाटल की पँखुरी-सी,
लेकिन चिंता से बोझिल थीं।
बाँहें दो गोल-गोल जैसे
कचनार बिरिछ की डंठल थीं॥

(4)

नंगे पाँवों मंथर-मंथर
चलती, तो कटि बल खाती थी।
लगता था कोमल, कमल-नाल;
बस अब टूटी या तब टूटी॥

---

* एक सत्य घटना पर आधारित, जिसका अब कोई पात्र जीवित नहीं।

(5)

बिखरे कच भादों के पयोद,
भारी नितंब ज्यों भूधर थे।
हिलते मनोज के मनोभाव-
जगते पाहन के भीतर थे॥

(6)

रो दें तो मोती की लड़ियाँ,
यों डरें कि टूट बिखर जाएँ।
हँस दे तो उजड़े उपवन की
डाली फूलों से भर जाएँ॥

(7)

ऐसी थी रूपा एक नज़र
भर देखे, संयम हिल जाए।
लालायित था मन्मथ का मन,
रति रूठे, रूपा मिल जाए॥

(8)

आगे-पीछे कुछ इर्द-गिर्द,
सीटियाँ बज रहीं बेढंगी।
पौरुष के दंभ, कुरूपे भी
आवाज़ कस रहे थे गंदी॥

(9)

रूपा को कुछ भी ध्यान नहीं,
अपने भविष्य में भूली-सी।
वक्षस्थल से शिशु चिपटाए,
चल रही धरा पर झूली सी॥

(10)

गाँधी-आश्रम का तिमंज़िला,
छत पर थे दीन-बंधु नागर।
रूपा को देखा, तैर गया,
नयनों में सुधियों का सागर॥

(11)

बेबस रूपा के बापू भी
स्वातंत्र्य-लहर के झगड़े में।
'खादी पहनो, भाई धारो
विश्वास स्वदेशी कपड़े में॥'

(12)

कहते-कहते ही पकड़े थे
गोरी चमड़ी की सत्ता ने;
मेरे ही साथ, मगर उनको
फरमाया याद विधाता ने॥

(13)

मरते-मरते बेचारे की,
आँखें पानी भर लाई थीं।
रूपा के लालन-पालन की,
मुझको सौगंध दिलाई थी॥

(14)

पर मैंने विकसित यौवन में,
ली खेल वासना की होली।
असुरा-मदिरा के रंग रँगी
अबला मुँह से न कभी बोली॥

(15)

तब   इसका   भारी   पाँव   भाँप,
मैंने   बदनामी   के   डर   से।
रूपा   को   अपने   साथ   लिया;
कर   दिया   गमन, निशि   में   घर   से॥

(16)

भीगी   संध्या   वीराने   में,
अलमस्त   क्षुब्ध   सोई   बस्ती।
थी   जहाँ   ज़िंदगी   की   क़ीमत,
मोरी   की   कीचड़   सी   सस्ती॥

(17)

दो-चार   फूँस   की   कुटियों   में,
बेबस   ग़रीब   का   वक्ष   चीर।
टप-टप   गिरता   था   फूँसों   से,
निर्लज्ज-नीर,   बहता-समीर॥

(18)

बूढ़े   को   जगा   लिया   मैंने,
बस   रात-रात   को   शरण   माँग।
गहरी   निद्रा   में   देख   चूर,
मैं   अधम   चला   चुपचाप   भाग॥

(19)

सपना   टूटा, मालिक   नागर,
सुखिया   से   बोला, 'देख! ज़रा
वह   जो   भिखारिणी   जाती   है,
मुझ   तक   देकर   आवाज़   बुला॥'

तिरंगे को कभी झुकने न दोगे

(20)

वैसा ही हुआ, चली आई,
अबला भिक्षा की आशा से।
रो उठी नज़र मिलते ही पर;
झोली भर गई निराशा से॥

(21)

विद्रोह-घृणा के भाव स्वतः
उग आए, आकुल अंतर में।
'तू नीच! अधम! कामी! पापी!
है और अभी किस चक्कर में'?

(22)

गीली पलकें 'क्षमयस्व' भाव,
लेकिन श्वासों में भरे कपट।
कुछ और कहे इससे पहले-
छू लिये पतित ने चरण झपट॥

(23)

नारीत्व पगा है करुणा में,
हिलकी भरकर रोया केवल।
'राजू' पर उमगा स्नेह देख,
गोवध-घर समझ लिया देवल॥

(24)

'बैठो, पहले मैं स्वयं तुम्हें
हाथों से दूध पिलाऊँगा।
पीछे अपनी मजबूरी का,
तुमको विश्वास दिलाऊँगा॥'

तिरंगे को कभी झुकने न दोगे 169

(25)

सुनकर 'सुखिया' सब भाँप गई,
दूध में हलाहल पिला दिया।
हँसकर नागर ने रूपा को
कंधों से पकड़ा, हिला दिया॥

(26)

बोला—"दिन है, कुछ बात बने,
संध्या हो, आ जाना रानी!
घर की शोभा! गृह-लक्ष्मी! तब
मैं स्वयं करूँगा अगुवानी॥"

(27)

रूपा शरमाई मन-ही-मन,
तसवीर बनाकर दुलहिन की।
"संध्या तक, अब परवाह नहीं-
हे नाथ! किसी भी उलझन की॥"

(28)

कोरे सपनों के फूल भरे
आँचल में, बाहर आ बैठी।
फूटी गागर को भरी समझ,
नादान किसी पनिहारिन-सी॥

(29)

संध्या होते-होते लेकिन,
काया ढेली सी बिखर गई।
दो-दो निरीह जब साथ चले,
मृत्यु भी एक पल सिहर गई॥

(30)

गंगा की लहरें काँप उठीं,
सागर का अंतर डोल उठा।
दामिनी दमक कर यों बोली,
'भर गई नीच! तेरी झोली॥'

(31)

पर धरती को धीरज न बँधा,
सहमा-सहमा कुछ रुँधा-रुँधा।
आकाश जम गया खोया-सा,
कुछ सिसका-सा, कुछ रोया-सा॥

(32)

उपवन उदास था, कलियाँ भी,
चीत्कार कर उठीं गलियाँ भी।
थम गया ठिठुरता हुआ पवन,
मरघट करता था मौन-मनन॥

(33)

दीपक की बाती गुज़र गई,
शबनम घासों पर बिखर गई।
श्वानों ने गा 'मर्सिया' राग,
अपने करतब की रखी लाज॥

(34)

दुःख देख-देख, तरु का कपोत
गिर गया, मिली ज्योति में जोत।
सब ओर मातमी का मौसम,
हँसता तिमंज़िले पर खद्योत॥

(35)

आ पहुँचा, भीड़ चीर बोला-
'गोवर्धन' राजू को टटोल।
'भैया राजू! तू आँख खोल,
तुतले-मीठे दो बोल, बोल॥

(36)

नाराज़ न हो मेरे राजा!
मत कर पीड़ा का मन ताज़ा।
गलियों-गलियों की ख़ाक छान,
पा सका अधेला आज दान॥

(37)

बीरन! लाया हूँ चने चबा,
हँस दे न कन्हैया! धीर बँधा।
तू क्या, मैं भी तो भूखा हूँ,
फिर भी किस-किस पर रूठा हूँ॥

(38)

अच्छा, मत बोल पराया हूँ-
यह भाव अभी तक भारी है।
विष बुझे खड्ग-सा प्रश्न लगा,
"क्यों व्यर्थ तुझे लाचारी है?"

(39)

"बाबू! मेरा इनसे नाता-
तुम पूछ रहे हो? मत पूछो।
दोनों दो दिन से भूखे हैं,
यह 'माधो' है, तो मैं 'ऊधो'॥

(40)

व्यवहार-जगत् के नाते तो,
सोने के 'कंस' निभाएँगे।
'वसुदेव' स्वप्न के शयन हेतु,
आँसू की सेज बिछाएँगे॥

(41)

नाते-रिश्ते तो उनके हैं,
यह प्रश्न उन्हीं को भाता है।
बिल्कुल विचित्र मेरा इनसे-
केवल ग़रीब का नाता है॥

(42)

जाओ दाता! क्यों काम हर्ज-
करते हो, व्यर्थ समय अपना।
अपना तो यही नियम-संयम,
कटुतम यथार्थ, मीठा सपना॥

(43)

सच तो यह है, मैंने जब से-
जीने का होश सँभाला है।
छोटे-छोटे गिनकर द्वादश-
दीपों का बुझा उजाला है॥

(44)

मैंने आँखों से देखा है,
कोई बीमार न हुआ कभी।
जैसे दीदी! राजू भैया
वैसे ही भूखों मरे सभी॥

(45)

यों ही मेरे नन्हे-तुतले-
बचपन का हिया परवान हुआ।
सब हरा-भरा मेरा उपवन,
असमय में मूक मसान हुआ॥"

(46)

कहकर गोवर्धन फफक उठा,
गाँधी-आश्रम की चौखट पर।
जा कर माथा टेका अपना,
बिक जाने तक की नौबत पर॥

(47)

"दो ग़ज़ खादी दे दो मालिक
दीदी को कफ़न उढ़ाऊँगा।
अपने कंधों पर दो लाशें,
फिर मरघट में ले जाऊँगा॥"

(48)

"खादी पैसे से मिलती है,
बाँचो-यह 'खादी-आश्रम' है।"
सबसे पहले! हाँ, ठीक पढ़ा-
सचमुच, यह-'गाँधी-आश्रम' है॥

(21 दिसंबर, 1963)

□

ताजमहल

(1)

ताज तुझे जब-जब देखा अंतर्नयनों से
कलाकार का मन सहसा भर-भर आया है।
दुर्गति पर उन सभी कलाकारों की जिनके
हाथ कटे, पलकों में सावन घिर आया है॥

(2)

श्वेत-दूधिया दीप्ति तुम्हारी प्राचीरों की,
लगता है वे लाश कफ़न ओढ़े सोई हैं।
विधवा पत्नी, माँ-बहनों की; अश्रु-सलिल से
तेरे उपवन में असहाय व्यथा बोई है॥

(3)

उस युग में भी नृत्य विषमता करती होगी-
भूखे पेट, ठिठुरती रातें, तारे गिनकर।
उसी समय जन-साधारण ने काटी होंगी-
शाहजहाँ धुत् होगा, जब कुछ ज़्यादा पीकर॥

(4)

शाहजहाँ के तप्त अधर, मुमताज महल के-
सुर्ख़, नरम, चिकने अधरों पर फिसले होंगे।
दीवानापन भी सवार दोनों पर होगा-
आलिंगन में बँधे, सेज पर मचले होंगे॥

(5)

दीवारें उन्मत्त क्रहक्रहों को सुनती थीं,
मंद-पवन मादकता का उद्दीपक बनकर।
नग्न-प्राय अंगों को छूकर हँस देता था-
दबे पाँव, दरवाज़ों के परदों से छनकर॥

(6)

ठीक उसी क्षण, पर्ण-कुटी में नतशिर बैठे-
दंपती अपनी दरिद्रता पर व्याकुल-विस्मित।
बुझी राख चूल्हे की, लकड़ी से कुरेदकर,
ठंडी आहें भरते होंगे या फिर चिंतित।।

(7)

एक-दूसरे की आँखों में झाँक-झाँक कर,
खोज रहे होंगे अनेक प्रश्नों के उत्तर।
कोरों से उत्तप्त अश्रु-कण, रह-रह, बह-बह
मिट जाते ज्वर-दग्ध कपोलों पर बुझ-बुझ कर॥

(8)

तेरी कला और वैभव ने तब से अब तक,
केवल पूँजीवादी स्वर आबाद किया है।
ताजमहल! सच मान, झूठ कुछ नहीं कि तूने-
पाक मुहब्बत का दामन नापाक किया है॥

(9)

तू केवल कामुक प्रवृत्ति का परिचायक है,
पावनता की गंध किसी को कैसे आए?
वैसे भी तू अंध कूप पर आधारित है,
कौन तुझे श्रद्धा से देखे, शीश झुकाए?

(10)

तेरा यह निर्माण इसलिए भी कलुषित है-
जन-धन का उपयोग व्यक्ति के लिए हुआ है।
धिक्-धरती के विपुल-वक्ष पर पड़े फफोले!
यमुना की संगत के बल पर खड़ा हुआ है॥

(11)

यमुना की धारा से कल यह प्रश्न कर लिया-
'दर्शन' और 'देखने' में अंतर है कितना?
कल-कल स्वर में हँसकर, कर इंगित कर बोली-
'वृंदावन' में और 'आगरे' में है जितना॥

(12)

तू मज़ार पर नहीं, स्वतंत्र रूप से बनकर
तत्कालीन कला का परिचायक भर होता।
निस्संदेह अवनि क्या अंबर के भी मन में
अपने प्रति श्रद्धा के नव-नव अंकुर बोता॥

(13)

तुझे नहीं परिज्ञात हुआ; अब तक यह शायद,
कैसे, किस कारण सहसा धरती पर आया?
तेरी जीवन-ज्योति जलाकर कितने दीपक-
बुझे और कितने गेहों में तम घहराया॥

(14)

चौदह बच्चों की माँ, कभी रोग-शैया की-
बाँह गहे, जीवन की नश्वरता से चिंतित।
पड़ी हुई थी, जीवन-साथी झुक पलंग पर
पूछ उठा,-'क्या वस्तु तुम्हें है इस क्षण इच्छित?'

(15)

माथे पर कलंक रेखा-सी झुकी लटों को-
बेगम ने बेताब अंगुलियों में उलझाकर।
मदिर-रुग्ण नयनों के सम्मोहन में डूबे-
शहंशाह से सौगंधों का जाल बिछाकर॥

(16)

प्रण करवाया,-"मेरे मर जाने पर ऐसी
यादगार बनवाना जो अपूर्व कहलाए।
दुनिया भर में जिसकी शोहरत का स्वर गूँजे;
प्यार भरे हृदयों को जो तीरथ बन जाए॥

(17)

जिसको दर्पण समझ, इंदु अपनी छवि देखे,
यमुना अपने निर्मल जल से चरण पखारे।
चिड़ियाँ साँझ-सवेरे अपने चह-चह स्वर से
उपवन के बिरवों पर बैठी गगन गुँजारें॥

(18)

और'''और''' बस इतना भर कह सकी, देह-सर-
साँसों के हंस, हुए मुक्त पाँखें फैलाए-
उड़े पवन के साथ, दृष्टि से ओझल होकर,
श्वेत पुतलियाँ देख शाह के दृग भर आए॥

(19)

वंचित सा अवाक्, शव पर पागलों सरीखा
हाथ फेरकर, बार-बार निज केश नोचकर।
चीख़ा—"कोई है", तुरंत किंकरी उपस्थित-
हुई, देख बोला—"वज़ीर को भेज खोजकर॥"

(20)

इतने पर भी मूढ़ नहीं समझा इतना भी,
संसृति का सब कुछ नश्वर ही तो है, केवल-
प्रेम अमर है, मूर्त साधनों के संबल की-
उसे अपेक्षा नहीं, तानकर फिर भी तेवर॥

(21)

उग्र स्वरों में पास खड़े वज़ीर से बोला—
"श्रेष्ठ कलाकारों-मज़दूरों से यह कहना।
यमुना-तट पर एक अपूर्व भवन बनना है,
चलो अभी, आनाकानी कोई मत करना॥"

(22)

उसके आज्ञापित सैनिक तब नगर-नगर की-
गली-गली में घूमे होंगे, गेह-गेह में।
घुसकर बरबस ले आए होंगे श्रमिकों को,
चार-चार, छह-छह कोड़े खा नग्न देह में॥

(23)

अश्वारोही दीवानों के साथ दौड़कर-
थके हुए हरिया-रफ़ीक ने हाथ जोड़कर।
दो पल सुस्ताने को किया विनम्र निवेदन;
मुँह पर ठोकर दी सैनिक ने अश्व मोड़कर॥

(24)

कहा कि "नालायक! विलंब का काम नहीं है,
मज़दूरों के लिए आग बरसे या पानी।
सुस्ताने के हेतु छूट देने का मतलब-
अनुशासन-शासन दोनों की नींव हिलानी॥"

(25)

तात्पर्य, तू जो कुछ भी है, उसके नीचे,
बच्चों-बूढ़ों के विलाप का दबा शोर है।
रक्त-वर्ण दीवारें दो प्रवेश द्वारों की?
एक-एक पाषाण रक्त में सराबोर है॥

(26)

तेरे निर्माता ने अपने अधिकारों का-
दुरुपयोग जो किया, विवशता का श्रमिकों की।
वह अपराध किया है अनुचित लाभ उठाकर,
क्रमागता पीढ़ियाँ क्षमा कर नहीं सकेंगी॥

(27)

कर कटवाते समय उसे यह ध्यान नहीं था-
कालांतर में कला परिष्कृत प्रौढ़ बनेगी।
क्योंकि विकास धर्म है मानव के जीवन का,
फलतः सारी सृष्टि उसे निर्बुद्धि कहेगी॥

(28)

रजत ज्योत्स्ना में तो सब सुंदर लगते हैं,
कोई तेरा रूप, अमावस्या को देखे।
मृत्यु-पिशाची अट्टहास कर उठे, अचानक
दशन-समूह दृष्टिगोचर होता हो जैसे॥

(29)

परिवर्तन का दैत्य, समय के तीक्ष्ण-भयंकर
नाख़ूनों से अंग-अंग तेरा नोंचेगा।
जब कोई निष्पक्ष नया इतिहास लिखेगा,
तू उस रोज़ विवश होकर अवश्य सोचेगा॥

(30)

जिस दिन मेरी आँखों से देखेगा कोई-
उस दिन तेरा सहज सत्य प्रतिभासित होगा।
जिस दिन भूमिसात् होंगी तेरी प्राचीरें,
उस दिन तेरा सही स्वरूप प्रकाशित होगा॥

(31)

मैं क्या था, राजसी दंभ या पागलपन का
शोषण और रक्त से पनपा अनाचार था।
तृण से भी था नगण्य, जिस कारण पुजा हुआ था,
कलाकार की सहन शक्ति-'श्रम' का प्रचार था॥

(24 मार्च, 1965)

□

तिरंगे को कभी झुकने न दोगे

मातृ-भू का ऋण चुकाने के लिए
दंभ दुश्मन का झुकाने के लिए।
प्राण ले लो; पर विवश करना न तुम
पाँव अब पीछे हटाने के लिए।।

तिरंगे को कभी झुकने न दोगे

पद्मभूषण गोपालदास 'नीरज', सुप्रसिद्ध विश्वकवि श्री सोम ठाकुर, प्रो. शिव नारायण शर्मा (अ.मु.वि., अलीगढ़), श्री टी.पी. त्रिपाठी के साथ कोसीकलाँ, मथुरा के एक कवि-सम्मेलन में स्व. शंकर द्विवेदी

कवि-सम्मेलन में काव्य-पाठ करते हुए स्व. शंकर द्विवेदी तथा पार्श्व में मूर्धन्य कवि पं. डॉ. ब्रजेंद्र अवस्थी

तिरंगे को कभी झुकने न दोगे 183

शिव-शंकर तुझे पुकारे*

पिघल रही है हिम, तोपों से बरस रहे अंगारे।
भारत का प्रहरी-हिमगिरि, शिव-शंकर तुझे पुकारे॥

चमक रहा है लहू सुतों का, मेरे इन शिखरों पर,
मानो लाल जड़े हों अगणित-माँ के शुभ्र मुकुट पर॥
यही फूल समझो गुलाब के, यही अर्चना माँ की,
आन-बान पर मिट जाने के आदर्शों की झाँकी॥
बरस रहीं माँ के आँसू बन, नभ से श्याम घटाएँ,
मेरी गंगा बही, भिगोने, तेरी शुष्क जटाएँ॥

तू सोया है चादर ताने, लीन किसी लीला में।
ललनाओं का सेंदुर, बिखरा नभ पर साँझ-सकारे॥

जिसके पाँव, विदेशों के मस्तक ने झुककर चूमे,
नामुमकिन, उसके सीने पर कोई वैरी घूमे॥
मेरे आँगन में सोया, सुख से कैलाश तुम्हारा,
एक पड़ोसी ने लोभी नयनों से जिसे निहारा॥
मंदिर-मसजिद-गुरुद्वारों के-द्वार एक हो जाएँ।
घर-घर जनमें 'कुँवर-कन्हैया', फिर से गीता गाएँ॥

यही लालसा ले कर, मन की झोली को फैलाए।
पार्वती का पिता, भिखारी बना तुम्हारे द्वारे॥

---

* 'सैनिक' दीपावली विशेषांक में प्रकाशित।

माँ के लिए मरघटों की, माटी रण में सज आई।
जिसे पनघटों ने दे दी, जीवन की सकल कमाई।।
नील-व्योम पर तारे, मेरी छाती के छाले हैं।
अथवा समझ, दिवंगत सैनिक माँ के रखवाले हैं।।
अबकी बार 'दीवाली' ऐसी, माँग रहा हूँ आए।
घर-घर, अरि शोणित से भर-भर जगमग दीप जलाए।।

जो भी वैरी बने, झुके, भारत का लोहा माने।
सप्त-द्वीप बाँहें ऊँची कर 'जय-जय हिंद' उचारे।। 3।।

(11 अक्तूबर, 1963)

□

तिरंगे को कभी झुकने न दोगे

185

प्राणों से प्रिय जिन्हें वतन

प्राणों से प्रिय जिन्हें वतन, सर से बाँधे हुए कफ़न,
आज उन्हीं, भारत माता के वीर-सपूतों की टोली-
चलीं खेलने को होली॥

पग-पग फूल बिछे, बढ़-बढ़कर जन-जन ने अगुवानी की।
'जय-अखंड-भारत! जय-जननी! जय-जय हे भारतवासी!'
अरि-शोणित से सींचो, जाकर तुम अपनी सीमाओं को।
यहाँ पसीने से सींचेंगे, हम अपनी धरती प्यासी॥

छल पाता ही नहीं मरण, जिनके बढ़ते हुए चरण।
हाथों में बहिनों ने बाँधी राखी, माथे दी रोली।
आज उन्हीं, भारत माता के वीर-सपूतों की टोली-
चलीं खेलने को होली॥

बढ़कर पाँवों को पीछे हटने का तो अभ्यास नहीं।
इंच-इंच धरती के ऊपर लाखों लाश बिछाएँगे॥
अरि ने घुटने टेक दिए तो, बात दूसरी है; लेकिन
रावलपिंडी पर हम अपनी विजय-ध्वजा फहराएँगे॥

तुम रखना विश्वास बहन, कल सच होगा यही कथन।
जिधर उठा सर, उधर हमारा, सधा निशाना, दी गोली।
आज उन्हीं भारत-माता के वीर-सपूतों की टोली-
चलीं खेलने को होली॥

अपनी आज़ादी को, कायम रखने पर हम कायम हैं।
हमलावर आँधी ने की है, एक अनोखी नादानी॥
अपने खोदे हुए कुओं से ही हम कंठ भिगोते हैं-
अमरीकी हथियारों वाले, देखें भारत का पानी॥

आग उगलता रहे गगन-नीचे तपती रहे धरन।
भूल नहीं पाएगा फिर भी, मन बलिदानों की बोली।
आज उन्हीं भारत माता के वीर-सपूतों की टोली-
चलीं खेलने को होली॥

(8 सितंबर, 1965)

सत्य की हत्या

सत्य की हत्या करके झूठ! उसी की चादर मत ओढ़े।
न्याय की बिल्कुल नंगी पीठ, दु:शासन के पड़ते कोड़े।।

अवस्था का निर्धनता अर्थ, व्यवस्था माने भ्रष्टाचार।
पुतलियों के परदों में दर्द, मुखर होने को भी लाचार।।
हृदय में तानाशाही मंत्र, अधर पर लोकतंत्र का नाम।
लोक को ख़ूब किया मदहोश, पिलाकर संशोधन का जाम।।

कहाँ थे ऊबड़-खाबड़ पंथ, शवों पर दौड़े थे घोड़े।
धन्य हो! हे अनुशासन-पर्व! शीश आदर्शों के फोड़े।।

देश के लिए, धर्म के लिए, अगर कुछ करना है तो, व्यर्थ-
समय खोने का मतलब यही, बुलाना अपने आप अनर्थ।।
देश के पौरुष! करवट बदल, सो लिया जितना सोना था।
आत्म-गौरव अब और न खो, खो लिया जितना खोना था।।

तरंगें जिनमें उठतीं नहीं, रहे जिनमें मोती थोड़े।
कहीं तक फैले हों पर वही जलाशय, हैं हमने छोड़े।।

मंदिरों में उदास है ब्रह्म, विहारों में आनंद हँसे।
ऋचाओं के डूबे उद्घोष, अज्ञानों के जालों में फँसे॥
कौन सा दिन आएगा और सहारा देगा तुझ को कौन?
कहाँ है तू अपराधी, बोल, गहे बैठा है कैसे मौन?

जिन्होंने तूफ़ानों के नीर और तेवर के रुख़ मोड़े।
पिशाचों के आगे वे हाथ, नहीं जाते ज्यादा जोड़े॥

□

ध्वजों तक पहुँच न पाए हाथ

ध्वजों तक पहुँच न पाए हाथ, बड़ी कोशिश की दुष्टों ने।
धरम के माथे में दी ठोक कील, कुछ गिरे मनुष्यों ने॥

इन्हीं लोगों से जूझे राम,
इन्हीं के फन पर नाचा श्याम।
इन्हीं लोगों ने ले-ले जन्म,
किए ऋषियों के कुल बदनाम॥

कर दिया चौपट सब संसार, इन्हीं के कथे भविष्यों ने।
धरम के माथे में दी ठोक कील, कुछ गिरे मनुष्यों ने॥

स्रष्टि का भू-भाग ललाम,
हमारे ही श्रम से अभिराम।
हुताशन में स्वाहा हो रहे
कि जिनके जीवन, आठों याम॥

तपोवन में भर दी दुर्गंध, इन्हीं के सड़े हविष्यों ने।
धरम के माथे में दी ठोक कील, कुछ गिरे मनुष्यों ने॥

□

माथे की बिंदी

सजा रहे हो, तो फिर इसको ऐसे मत बिसराइए,
माँ के माथे की बिंदी है, हिंदी को अपनाइए।।

अपने आँगन में बिखरी है, केशर धोई चाँदनी,
उत्तर से लेकर दक्षिण तक, बहती है मंदाकिनी।
ज्योति-पंथ पर स्वयं बहकते, शूल बिछाते जा रहे,
बाँहों वाले होकर भी हम, माँग-माँग कर खा रहे।

अपनी सोई हुई संस्कृति को फिर से आज जगाइए।
छोड़ विदेशी भाषा, अपनी हिंदी को अपनाइए।। 1 ।।

भारत के सपूत क्यों भूले, अपनेपन की आन को,
भारी ठेस लग रही, अपने गौरव को, सम्मान को।
भाव तुम्हारा अभी वही है, थोड़ा सा मतभेद है-
तुम्हें 'बाइबिल', हमें कराता जीवन-दर्शन 'वेद' है।

सुना सको तो हमें 'सूर' का, कोई राग सुनाइए।
मरुथल में बहती सरिता-सी हिंदी को अपनाइए।। 2 ।।

जिसका निश्चित नहीं व्याकरण, जो बिल्कुल स्वच्छंद है,
तन पर पुता पराग, हृदय का कमल किंतु निर्गंध है।
कब जाने, किस ओर मुड़ेंगे इसके पाँव पता नहीं,
नियम-हीन जीवन में गति हो; पर यह चेतनता नहीं।

अधवसना गोरी महिला को, कंगन मत पहनाइए।
रघुकुल-तिलक! सती-सीता सी हिंदी को अपनाइए॥ 3 ॥

जय जन्मभूमि बोली

ओ जन्म देनेवाली माँ! आँख क्यों भिगो ली?
कंधे लगा रही है, हमजोलियों की टोली॥

कुछ देशभक्त मुझसे, यह बात कह रहे हैं।
हम लोग अब नहीं हैं, इतिहास बन रहे हैं॥
आ! कारवाँ के पीछे, हम सब कृपाण लेंगे।
विश्वास है हमारा, हम सब 'पुराण' होंगे॥

कंधे लगानेवालो! उस राह से गुज़रना-
जिस पर कि जा रही हो, 'जय जन्मभूमि' बोली॥1॥

उस ओर जा रहा हूँ, जिस ओर वे गए हैं।
सब लोग कह रहे हैं, इस ओर सब गए हैं॥
ओ देश के भविष्यत्! बस एक काम करना।
मुझको न; किंतु मेरी यह बात याद रखना॥

हर पाँच साल पीछे, जो डालते हैं झोली-
संकेत पर उन्हीं के, कुछ दागते हैं गोली॥2॥

नत-ग्रीव हो खुरों से, मृदु-भूमि को खुरचते।
उत्पुच्छ सामने हो; गत-श्रृंग हो मुरकते॥
गो-पूत, भूत जैसे, लड़ते निहार साधो!
सौगंध लो, इन्हें अब एक साथ बाँधो॥

सच मानना तुम्हारी, इनसे न निभ सकेगी।
ये पूजते दीवाली, तुम ईद और होली॥3॥

तिरंगे को कभी झुकने न दोगे

टीका करो, लो रक्त का

माटी मुझे ले गोद में, दुलरा रही है मोद से।
ममतामयी माँ! तू कहीं मेरे लिए रोना नहीं॥

चुभने लगेगी देह में–
हर पाँखुरी तलवार-सी।
ऐसा करो दिखने लगे–
हर आत्मा अवतार-सी॥

जो भी चले, पूजा करो, बलिपंथ से रोको नहीं।
टीका करो, लो रक्त का, आँसू कभी बोना नहीं॥

☐

तिरंगे को कभी झुकने न दोगे

धुआँ-ही-धुआँ

गंध वाही हवा, अब कहाँ देश में,
बस धुआँ-ही-धुआँ है, धुआँ-ही-धुआँ॥

(1)

धुंध में, कोहरे में समाया हुआ,
सिंधु पर चादरों-सा बिछाया हुआ।
घुल गया साँस में, फिर उठा देह से-
व्योम तक, सीढ़ियों-सा, लगाया हुआ॥

दे उजाला, वह ज्वाला कहाँ जोश में,
बस फुआँ-ही-फुआँ है, फुआँ-ही-फुआँ॥
बस धुआँ-ही-धुआँ है, धुआँ-ही-धुआँ॥

(2)

नाम घनश्याम का टेरते-टेरते,
इंद्र-धनु की छटा हेरते-हेरते।
ओंठ नीले पड़े, आँख पथरा गईं,
प्यास चटकी, ज़बाँ फेरते-फेरते॥

एक भी बूँद पानी नहीं दीखता,
बस कुआँ-ही-कुआँ है, कुआँ-ही-कुआँ॥
बस धुआँ-ही-धुआँ है, धुआँ-ही-धुआँ॥

□

निठुर घन से

संत्रस्त हुए जलजात, निठुर घन! मुक्त करो रवि-किरणों को।
फिर विकसे नवल प्रभात, ज्योतिकर! क्षरो तिमिर आवरणों को॥

कैसा अतिशय औदार्य, कहीं-
बरसे इतने, मग तक डूबे।
गौशाला में ही बँधे-बँधे,
निशि-दिवस विवश गोधन ऊबे॥
अनुसृत अगणित उत्पात, विकृत मन! शुद्ध करो आचरणों को।
निठुर घन! मुक्त करो रवि-किरणों को॥

उद्दाम वासना की वनिता,
प्रमुदित मन-तन से लिपट गई।
अवसाद! विनत व्रत परिणीता,
संयमित चेतना सिमट गई॥
विस्मृत-संस्कृति-संस्कार बिबुध जन! मुक्त करो संस्मरणों को।
निठुर घन! मुक्त करो रवि-किरणों को॥

चलचित लहरों के तलगत हैं-
गुरुतम पाहन, हरु तृण तैरे।
बंदिनी बनीं शाश्वता नियति,
अनुमिति देती कठोर पहरे॥
संन्यस्त हुआ विश्वास प्रदर्शन! व्यक्त करो संस्करणों को।
निठुर घन! मुक्त करो रवि-किरणों को॥

(28 जुलाई, 1965)

□

धुआँ भर गया चंदन वन में

धुआँ भर गया चंदन वन में, साँसों को कैसे समझाऊँ?
मोल बिकी कंचन के माटी, भावों को कब तक बहलाऊँ?

आँसू और पसीना, दोनों–
एक साथ कौली भर भेंटे।
लाल हो गईं नरम उँगलियाँ,
हवा सुखाए, राख समेटे॥
उमस भरा दिन बियाबान में, घावों को कब तक सहलाऊँ?
स्याह दिशा, अंबर तक आँधी, पाँवों को किस ओर उठाऊँ?॥

मंदिर के कलशों पर बैठीं,
चीलों के आचरण सुधारूँ?
या गीले फूँसों पर उलझे,
कागों के आवरण उतारूँ?
लाशों भरे मौन आँगन में, किसको छाती से चिपकाऊँ?
मन से धीर धरूँ; लेकिन इन तसवीरों को कहाँ छिपाऊँ?॥

छत के एक छेद में होकर,
घर में आज धूप तो आई।
कड़ियों से लटके नागों ने,
नीचे गिर, कुंडली जमाई॥
विहग-शावकों जैसे सिहरे, किसे अचीह्ने रोम दिखाऊँ?
एक बूँद पानी को तरसा, मैं इसको क्या दूध पिलाऊँ?॥

(1 फरवरी, 1967)

□

मैं सच्चाई के लिए आधार जो हूँ

मैं सच्चाई का लिए आधार जो हूँ-
इसलिए संसार में अपमान मेरा।

आज घर अँधियार के छाई ख़ुशी; पर
घर उजालों के घनी छाई उदासी।
नीचता को मिल गया अमरत्व, लेकिन-
मर रही है दीन सज्जनता पियासी।
मैं जिसे समझा सवेरा आज, अब तक,
क्या करूँ निकला अमावस का अँधेरा।
इसलिए संसार में अपमान मेरा॥

बीज कुछ ऐसे पड़े हैं इस धरा में,
अंकुरित होते, चरण में चुभ रहे हैं।
दर्द की ललकार नभ को चूमती है,
हर्ष की आवाज़ के स्वर ढल रहे हैं।
अब किरण को हर कली का ताहिना है-
'तू बहुत बेनूर, मुझसे मान तेरा'
इसलिए संसार में अपमान मेरा॥

मैं न दे पाया शरण बहके चरण को,
मैं न काकों के स्वरों में गा सका हूँ।
मैं उठाता ही रहा हर पद-दलित को,
टूटती आवाज़ इस से पा सका हूँ।
इसलिए, पीछे प्रगति की दौड़ में हूँ–
मैं न जाना आज तक 'मैं' और 'मेरा'
इसलिए संसार में अपमान मेरा॥

(29 मई, 1962)

◻

युवक तू सोया हुआ है

भीड़ चोरों की सजग है, लुट चुका सर्वस्व तेरा।
है यही अवसाद फिर भी, युवक! तू सोया हुआ है॥

जानता है आज तेरी आत्मा के तार क्यों हैं अश्रुगीले?
और तेरी भावना के पात, क्यों हैं शुष्क-पीले?
चुभ रहे हैं क्यों अनेकों, शूल तेरे मृदु-चरण में?
क्योंकि जीवन का सरस सुख, खोजता है तू मरण में॥
आज तेरी ज़िंदगी की श्वास तक सहमी हुई है।
सत्य को पहचानने की दृष्टि तक वहमी हुई है॥
है उदासी की हवा, मृदु-इंदु के पावन गगन में।

धवल तेरा पट, अजाने! पंक में धोया हुआ है—
है यही अवसाद फिर भी, युवक! तू सोया हुआ है॥ 1॥

छल रहा है यह तुझे, विश्वास तेरे ही सपन का।
जल रहा है तू, स्वयं आभास है मुझको तपन का॥
ऊर्मि सा भोला, भला क्या तोड़ पाएगा किनारे?
तू कहाँ आया? वहीं जो खोजते खुद ही सहारे॥
देख! तेरे भव्य-मन के भवन की इस देहरी पर।
क्लैव्य के विषधर अनेक, हैं किए बैठे स्वयं घर॥
ओस-सा अस्तित्व तेरा विवशता में ढल चला है।

व्यर्थ की इस मृत्यु पर, जब हर समाँ रोया हुआ है—
है यही अवसाद फिर भी, युवक! तू सोया हुआ है॥ 2॥

क्यों न तेरी यत्न-भू, उर्वर अभी तक हो सकी है?
क्योंकि तेरी प्रेरणा के स्त्रोत सब सूखे हुए हैं॥
इसलिए आपत्तियों के घिर रहे हैं मेघ काले-
क्योंकि तेरी अर्चना से देव सब रूठे हुए हैं॥
इस अमावस में अगर बन ज्योति-पुंज, न जला तो-
डूब जाएगा किनारों पर, सदा रोना पड़ेगा॥
नाव तेरी ज़िंदगी की फँस रही मँझधार में है।

हाथ का सद् आत्मबल, पतवार ही खोया हुआ है।
है यही अवसाद फिर भी, युवक! तू सोया हुआ है॥ 3॥

अब तुझे गाना पड़ेगा, गीत ऐसा जागरण का।
भेद दे हर तंतु, जो इस पाप के कटु आवरण का॥
तोड़ दे ये शृंखला, अन्याय की जो पाँव में हैं।
जा स्वयं विश्राम ले, कह दे हटें जो छाँव में हैं॥
अब न लेंगे लाभ, ये अधिकार इन मजबूरियों का,
एक हैं, अस्तित्व क्या है आज फिर इन दूरियों का॥
कह, न इस सच्ची धरा पर ज़िंदगी भर उग सकेगा-

जातिवादी, भीतवादी बीज जो बोया हुआ है॥
है यही अवसाद फिर भी, युवक! तू सोया हुआ है॥ 4॥

(7 नवंबर, 1962)

□

पाती अनुप्रासों की रूपकों के नाम

पथ पर चार क़दम आगे चलने का यह मत अर्थ करो-
पीछे वालों को अपनी क्षमताओं पर विश्वास नहीं॥

जिनको चलना है, वे पीछे-
मुड़कर देख नहीं पाते।
क्योंकि देखनेवाले, घटता-
अंतर रोक नहीं पाते॥
सत्याग्रह के राजतिलक होने का यह मत अर्थ करो-
सेनानी 'सुभाष' के पथ पर, गर्व करे इतिहास नहीं॥

भ्रम की गोदी में, न सुलाओ-
तुम अपने शंकित मन को।
आँजो मत नयनों में, शिर पर-
चढ़नेवाले रज-कण को॥
चार घड़ी पहले महके हो, इसका यह मत अर्थ करो-
ये उगते अंकुर, जीवन में देखेंगे मधुमास नहीं॥

❑

तिरंगे को कभी झुकने न दोगे

आदमी जिएगा अब कैसे

चंदन पर पहरा नागों का, नंदन देवों ने हथियाया।
आदमी जिएगा अब कैसे ? यह सोच-सोच मन भर आया॥

कह गया कान में हम से यों,
बहता पानी रमता जोगी।
सिंहासन पर बैठा जो भी,
प्रभुता उसने खुल कर भोगी।

मजमा मुँडेर पर कागों का, आँगन में चीलों की छाया।
छप्पर में शैया रोगी की, दिखते ही आँसू झर आया॥

□

तिरंगे को कभी झुकने न दोगे

इति न दिखाई देति*

इति न दिखाई देति कहूँधौं, दिन-दिन बढ़ी कलेस की।
गति कैसी करि गए, गए तौ, बैरी अपने देस की॥

सबकौ अनदाता जो, उपजै-
सौनौं जाके खेत में।
सो दाने-दाने कूँ तरसै,
बरसैं आँसू रेत में॥
तिनुका-तिनुका चुन्यौ, बनायौ-
जानैं अपनौं घोंसला,
तीर चुभ्यौ अँधी दुनियाँ कौ,
ता पंछी के पेट में॥

लाख रुपैया काजर कारी, कल्जुग की तसबीर के;
बिकी मोल कौड़ी के, मूरति गौरी और गनेस की॥

बूँद-बूँद जुरि सागर बारी,
बात पुरानी ह्वै गई।
नीति भई तौ भई हमारी,
रीति बिरानी ह्वै गई॥
धरती अपनी बीज पराए,
बलिहारी या सूझ पै।
देखि पछैंया, पुरबैया कौं,
हँसिकैं गारी दै गई॥

गंगाजल कौ कछू अनादर ऐसौ या जुग में भयौ,
माथ्यौ दूख्यौ भागीरथ कौ, छाती फटी महेस की॥

---

* आकाशवाणी दिल्ली से प्रसारित।

अब, न सुनैं काहू की,
अपनौ कामु रहैगौ कामु तैं।
गंगा मैया भली करिंगी,
नेह लगैगौ राम तैं॥
सेद-रकत दै लाज रखिंगे,
हम सब अपने देस की।
सदाँ रहैगी दुनियाँ भौंचक
अपने ऊँचे नाम तैं॥

कहा करैगी आँधी-पानी, कहा करैगी बीजुरी,
अब अपने बल निभी चलैगी, पैज हमेस-हमेस की॥

तिरंगे को कभी झुकने न दोगे

तो पै निछाबर तन-मन प्रान*

तो पै निछाबर तन-मन प्रान,
ओ मेरी धरती मैया! करैगी-
तो पै सदा अभिमान-
तेरी नई संतान॥

अगिले जनम की कहा चलाई,
सौ-सौ जनम लै मैया!
केतिकहू डिगुलाइ, भमर तैं-
पार करिंगे नैया।
तेरे खिबैया चतुर सुजान।

ओ मेरी धरती मैया! चलैगौ,
परलै लौं अभियान!
करैगी, तेरी नई संतान,
तो पै सदाँ अभिमान॥

□□□

---

* 16 फरवरी, 1971 को आकाशवाणी मथुरा से 'काव्य-सुधा' कार्यक्रम के अंतर्गत प्रसारित।